江西省社会科学规划项目"互联网促进地方新兴产业创新的机理和研究模式"（项目编号：22YJ10）

国家自然科学基金项目"基于混沌理论的加密技术改进及图像分块加密算法研究"（项目编号：6226070119）

江西省社会科学规划项目"科技金融时代中小微企业融资模式创新研究"（项目编号：18YJ28）

江西省高校人文社会科学研究项目"基于大数据视角下的园区小微企业金融服务平台构建研究"（项目编号：JJ19210）

中部地区就地城镇化与产业发展研究

Study on In-situ Urbanization
and Industrial Development in Central China

陈美华　刘彦宏　黄轩　著

中国社会科学出版社

图书在版编目（CIP）数据

中部地区就地城镇化与产业发展研究/陈美华等著. —北京：中国社会科学出版社，2023.1
　ISBN 978-7-5227-1376-2

　Ⅰ.①中…　Ⅱ.①陈…　Ⅲ.①城市化—关系—产业发展—研究—中国　Ⅳ.①F299.2 ②F269.2

中国国家版本馆CIP数据核字（2023）第026139号

出 版 人	赵剑英
责任编辑	刘晓红
责任校对	周晓东
责任印制	戴　宽

出　　版	中国社会科学出版社
社　　址	北京鼓楼西大街甲158号
邮　　编	100720
网　　址	http://www.csspw.cn
发 行 部	010-84083685
门 市 部	010-84029450
经　　销	新华书店及其他书店
印　　刷	北京君升印刷有限公司
装　　订	廊坊市广阳区广增装订厂
版　　次	2023年1月第1版
印　　次	2023年1月第1次印刷
开　　本	710×1000　1/16
印　　张	11.75
插　　页	2
字　　数	165千字
定　　价	65.00元

凡购买中国社会科学出版社图书，如有质量问题请与本社营销中心联系调换
电话：010-84083683
版权所有　侵权必究

前　言

传统城镇化当前所带来的一系列问题越发凸显，新型城镇化与我国国情更相符合，体现了经济社会可持续发展的目标，而就地城镇化作为其主要的途径，能够弥补传统城镇化的不足。在就地城镇化的过程中，居住在农村的人口不迁移至大中型城市，只是在既有的居住地转变传统的生活生产方式，避免了传统城镇化过程中的"农村病"和"城市病"等问题。目前对就地城镇化还缺少实证方面的研究，本书围绕着就地城镇化与城乡居民收入差距的关系、就地城镇化的内部驱动因素、就地城镇化的外部政策影响因素几个方面展开研究。本书一方面围绕着中部地区就地城镇化的相关问题进行实证研究，在理论上丰富了关于就地城镇化研究的现有内容，为后续就地城镇化的相关研究提供了实证基础。另一方面在解决"三农"问题中农民的就业问题上具有一定的积极作用；形成城市体系建设与经济发展的良性互动，推动中部区域城乡一体化进程，使城乡间的差距得以缩小。因此，加快中部地区新型城镇化进程具有重要的经济社会意义，本书的主要研究内容如下。

一是中部地区就地城镇化的发展现状分析。通过对中国城镇化理论的探索与回顾，总结出中部地区城镇化的历史发展历程，从中部地区城镇化的发展历程入手，分析中部地区就地城镇化的基本特点，比较中部地区各城市就地城镇化的不同之处与共同特点，如产业趋同、千城一面等特点，并分析就地城镇化中的一些问题，如社会融入困难、城市压力过重、城镇化成本较高等。

二是中部地区各类产业主导的就地城镇化对城乡差距影响的比

较分析。将中部地区各城市依据产业发展情况分为不同产业导向类型的城市，对这些类型城市的就地城镇化方式进行对比，借助门槛模型分析中部地区87个地级市不同产业主导类型地区的就地城镇化对城乡收入差距的影响，并分析造成差异的原因。

三是中部地区就地城镇化的影响机理分析。分析影响中部地区就地城镇化的主要因素，利用系统广义矩估计（SGMM）和最小二乘估计（OLS）实证分析不同产业对就地城镇化的影响机理，根据产业发展在就地城镇化进程中的影响机理，协同使用相关的政策及各方面因素的激励措施来加快中部地区就地城镇化的发展。

四是新型城镇化政策下，就地城镇化发展路径的选择。通过国家新型城镇化试点地区的设立来检验《国家新型城镇化规划（2014—2020年）》在就地城镇化发展中的政策效应。选取了我国中部地区87个地级市的面板数据为研究样本，采用PSM-DID模型评估该政策在就地城镇化进程中所起的作用，并将中部城市划分为城市群（圈）地区和单一城市地区进行验证，最后分析在新型城镇化政策影响下中部地区就地城镇化过程中发展路径该如何选择。

本书的研究结果包括以下三点：

第一，在经济结构以第二产业为主导的地区，就地城镇化的水平在影响城乡收入差距方面产生了较显著的双门槛效应，且该影响呈现出"缩小—缩小—扩大"的"U"形变化趋势；在经济结构以第三产业为主导的地区，就地城镇化水平和城乡收入差距之间无门槛效应，然而提升就地城镇化水平，可使城乡收入的差距得到显著缩减；对于第二、第三产业交替主导型地区，就地城镇化水平对城乡收入差距的影响呈现出显著的单门槛效应，在就地城镇化各阶段其水平的提高显著缩小了城乡收入的差距，且在就地城镇化第二阶段的促进作用要明显强于第一阶段。

第二，单纯地发展农业并不能对就地城镇化起到直接的推动作用，农业推动就地城镇化的进程本质上还是需要从农业中分离出一部分非农产业，促进农村劳动力的就地转移进行非农化就业；第二产业对就地城镇化发展具有直接推动作用，同时在工业和农业的共同作用下也将有利于推动就地城镇化的进程；第三产业对就地城镇化的影响主要体现在乡村服务行业和乡村旅游业上，通过农业与服务业、旅游业的结合发展来实现农村居民在本地的就业非农化和生活市民化。

第三，就中部地区整体而言，国家新型城镇化试点地区的设立对就地城镇化的进程并未起到显著的推动作用。对中部地区进行区域划分后，同样的我们发现单一城市的新型城镇化政策效应不明显；中部地区位于城市群（圈）内的城市由于具有交通、资源、产业和人力等方面的优势，其政策效应较为显著，新型城镇化试点地区的设立对就地城镇化的进程具有显著的推动作用。

目　录

第一章　绪论 ·· 1

第一节　选题背景和意义 ··· 1

第二节　研究概念阐述 ··· 6

第三节　研究内容及技术路线 ·· 8

第四节　主要研究方法及重难点 ····································· 11

第五节　研究的创新之处 ··· 13

第二章　文献综述、理论与实践基础 ································ 14

第一节　文献梳理 ·· 14

第二节　相关理论基础 ··· 44

第三节　实践经验 ·· 54

第三章　中部地区就地城镇化现状分析 ···························· 59

第一节　中部地区就地城镇化进程的外部环境及
面临的问题 ··· 60

第二节　中部地区就地城镇化的特点和作用 ·················· 69

第三节　中部地区就地城镇化的意义 ····························· 74

第四节　中部地区实施就地城镇化的可行性 ·················· 77

第五节　本章小结 ·· 80

第四章　不同产业主导下就地城镇化对城乡差距的影响 ··· 81

第一节　就地城镇化率的测度 ·· 82

— 1 —

第二节　变量选取与模型构建 ············· 92
　　第三节　实证分析 ··················· 97
　　第四节　本章小结 ··················· 103

第五章　中部地区就地城镇化发展机理分析 ········· 105
　　第一节　模型构建与变量选取 ············· 106
　　第二节　实证分析 ··················· 111
　　第三节　本章小结 ··················· 120

第六章　新型城镇化背景下就地城镇化的发展路径 ····· 122
　　第一节　模型设计与变量说明 ············· 123
　　第二节　实证分析 ··················· 126
　　第三节　新型城镇化政策下就地城镇化的发展路径 ··· 133
　　第四节　本章小结 ··················· 137

第七章　提升中部地区就地城镇化发展水平的措施 ····· 139
　　第一节　强化专业人才队伍建设 ············ 139
　　第二节　产业发展助力就地城镇化 ··········· 141
　　第三节　差异化推进就地城镇化 ············ 143
　　第四节　提高农村公共服务水平 ············ 145
　　第五节　发挥政府的引导作用 ············· 147
　　第六节　坚持绿色可持续发展 ············· 149

第八章　结论与展望 ···················· 152
　　第一节　结论 ····················· 152
　　第二节　展望 ····················· 155

附　录 ························· 157

参考文献 ························ 164

第一章

绪 论

第一节 选题背景和意义

一 选题背景

（一）经济社会发展导致农村居民就地城镇化

经济社会的快速发展将使城镇化成为必然产物，城镇化的过程具有综合性特征，在这个过程中产业结构得到持续调整与升级，人口由农村流动至城市地区、生产模式从农业化的传统生产模式转化成现代化模式。① 新型城镇化的特点包括城乡统筹、产城互动、生态宜居、和谐发展等，在新型城镇化的过程中，大中小城市与城镇及农村社区协调稳定地发展，彼此推动促进，最终实现产业发展的目标，打造宜居的环境，提供有力的社会保障，真正地由"乡村"转化成"城市"。②

现阶段我国城镇中还存在诸多农村居民，尚未由"农村人"真正地转化成"城镇人"，在农村与城镇间充当迁徙候鸟的身份，在城镇内居住，然而在生活上没有企及城镇居民的标准，还普遍存在

---

① 周一星：《城市地理学》，商务印书馆1995年版，第46页。
② 单卓然等：《"新型城镇化"概念内涵、目标内容、规划策略及认知误区解析》，《城市规划学刊》2013年第2期。

子女入学及医疗社会保障等方面的问题,即没有完全地过上"城里人"的生活,这使整体城镇化质量受到相应的影响,未能呈现出真实的城镇化水平。从本质上来看就是未真正地解决"三农"问题,同时城乡二元结构矛盾未得到有效缓解[①],主要的表现形式是城镇化的进程加快,农民收入增长较为缓慢,归根结底就是因为乡村的居民没有平等公正地享有城镇化的福利待遇。"十四五"时期的主要规划目标是把常住人口的城镇化率提升至65%,表明当前我国需要具有前瞻性与全局观的意识去探究与思索城镇化问题。[②]

(二)新型城镇化背景下产业结构不断升级

城镇化作为调节产业结构及经济发展之间的中间变量。究其本质,城镇化过程就是通过聚集产业来集聚人口。城镇融合农村人口后,农村人口便增加了消费的多元化需求,同时还需切实加强基础设施建设,提高公共服务质量与效率。国家调整经济结构为了使经济对于投资不再产生强烈的依赖性,促进经济在外部与内部均衡地发展,协调消费及投资等诸多因素。但这个调整阶段的时间较长,需要消耗工业化产生的过剩产能,同时培育出内生消费的驱动力。工业化、城镇化分别将供给、需求创造出来,城镇化需提供相应的途径来实现供需平衡的目标,彼此间增强互动进而推动投资驱动转化成消费。未来我国要将城镇化作为扩大内需、经济结构转型的主要战略目标与突破口。目前城镇化的速度不断提高,城市中的支柱型产业也产生迅速的改变。产业发展变迁密切地关联着经济的发展。我国处在工业化阶段,还是以电子及机械等制造业作为主体支柱产业。在工业化发展的最后阶段,工业将减缓增长的速度,城市中将聚集大量的人口与丰富的各类资源,这种空间上的作用间接地促进第三产业的发展。国家产业结构调节的主要方向依然是由重工业向服务业的转化,然而城镇化过程中需提供相应的途径来实现这

---

① 张占斌:《新型城镇化的战略意义和改革难题》,《国家行政学院学报》2013年第1期。

② 姚士谋等:《中国新型城镇化理论与实践问题》,《地理科学》2014年第6期。

一过渡。在上述阶段内，传统的主导型及支柱型产业不可能具备极高的成长性，但在发展中还是可以体现出结构性特征，同时还会有显著的区域性；相反而言，服务业会作为今后经济发展的主要方向，在发展的过程中的产业转型将会是一个缓慢的过程。

(三) 乡村振兴背景下的政策环境优化

实现乡村农业现代化是振兴乡村战略的核心环节，涵盖着产业、文化、人才、组织以及生态振兴等内涵，加强与促进物质空间方面的建设，更新与改进农村落后的基础设施，人力整治与优化村庄的环境，以由传统的乡村发展至综合"软环境"为目标。由中央至地方政府围绕着"2020年制度框架与政策制度体系基本形成"的近期目标，深化农村与农业及农民的体制机制改革，为实现乡村的持续发展减少政策方面的约束，重新建立健全现代化"三农"制度体系，为实现城乡发展的一体化提供服务。目前乡村经营管理、土地、集体产权等层面的制度革新是实现振兴乡村的前提，因为只有完善与优化权属制度，才能与新趋势和新环境下的人地间的关系相适应，将生产力的潜能释放出来。针对乡村做好引进人才工作，建设良好的风貌，优化组织架构，各级主管机构以政策改革机制为契机，使现有政策的不足得到有效弥补。在乡村振兴战略引领下实现乡村的持续发展，改革政府行政管理机制，快速转变与健全政策体系，为乡村的健康持续发展提供政策方面的有力支持。

2021年李克强总理在《政府工作报告》中指出在过去的几年内，坚持实施区域协调发展战略和坚持新型城镇化战略，促进平衡协同式的发展；推动京津冀以及长江经济带的发展，编制实行具体规划，建设一批重点项目。合理规划重点城市群，推动城镇及大中小城市实现协同性发展。大部分城市对于落户的约束逐步放宽，全面推行及完善居住证机制，为所有常住人口提供优质的城镇基本公共服务，显著地提高城乡发展的协调性。

党的十九大报告提出"三农"问题与国计民生基本性问题息息相关，需自始至终地将有效地解决此问题当作全党的重点工作且长抓不懈。推动新型城镇化进程是解决"三农"问题的重要途径，要完善城乡融合在政策方面的体系，促进乡村及农业实现现代化与科学化发展，发挥城市群的主体性作用，优化城镇格局，推动大中小型城市及城镇的协调稳定发展，使农业转移人口实现市民化。报告提出乡村振兴战略概念，指出坚持农业乡村需实现优先地发展，以打造宜居生态环境、建设乡村文明、加强有效治理、实现共同富裕目标的总体要求为依据，加快促进乡村农业的现代化；此战略核心含义是打造"产城乡"模式，实现发展的统一与高度集合，从本质上看就是"就地城镇化"实现的最终目标。

（四）产业优化升级促进农民增收、稳定农业农村发展

国务院《关于推进农村一二三产业融合发展的指导意见》中提出下列指导思想：依靠新型城镇化推动农业的供给侧改革和健全产业体系，融合农业及工业以及第三产业，实现城乡一体化目标，构建农村繁荣和谐景象，推动农业增收，使农民的收入得到大幅度增加；有机地结合农村产业融合和新型城镇化建设，引导第二、第三产业集中至县城、产业园区及乡镇地区。

农村产业升级及优化是发展就地城镇化的前提，要使"三农"问题得到有效解决，就要让农业得到健康持续发展，使农村呈现出稳定和谐的局面。新常态下农村经济需新的视野、新的活力与新的动力来满足新的要求，三大产业相结合促进农村城镇化发展。现阶段农业和服务业循序渐进地融合在一起，同时向高端消费领域转型。诸如城市郊区的"农家乐"开展采摘活动，形成复合型服务业。农村的自然资源极其丰富，可适用于农业领域，同时能够以多重优势为依托，转化为具有高附加值的服务业。目前广大城市居民均追求高端绿色消费级农产品，我国要在生产加工、包装、物流、运输等环节中把握与保障农产品的质量。在农业运营模式上农业企业形式呈现出多元化的态势，各类运管管理模式的差异化促使农村经济日益活跃，为城镇化过程中产业的发展提供有力保障。

二 研究意义

（一）理论意义

首先，城镇化的问题属于国家层面的战略性问题，城镇化的进程与经济社会的发展、区域之间的不平衡、城乡之间的差距都息息相关。在国家层面来看，城镇化对区域经济发展的促进作用逐步显现出来。经济发展与城市发展的过程存在密切的关联。本书首先通过计量模型对产业结构与就地城镇化的关系展开了研究，分析不同产业结构对就地城镇化的影响；其次，综观国内的大环境，城镇化作为缩小城乡差距的主要途径之一。城乡发展不平衡和贫富差距的扩大带来众多的问题，对我国的经济社会发展造成严重阻碍，目前我国对缩小城乡差异和贫富差距的问题正做出不断努力。本书从产业主导的角度分析了中部地区就地城镇化的几种类型，借助门槛模型对中部地区各种类型的就地城镇化进行实证比较，验证了不同产业导向下的就地城镇化与城乡收入差距的关系；最后，通过双重差分模型（DID）评估了新型城镇化政策对就地城镇化进程的政策效应，给出中部地区就地城镇化的发展路径及相关的政策启示。本书在理论上丰富了关于就地城镇化研究的现有内容，为日后研究就地城镇化内容奠定实证基础。

（二）现实意义

《新型城镇化规划（2014—2020）》的主要要求是推动大中小城市及城镇实现协同式发展。东部发达地区（如义乌、昆山、东莞）的城镇化过程中是将城市功能向农村延伸，农村就地实现至城镇的转变，于是城市及城镇连成一片，城乡差距不再显著；中部区域不断地将城市做大，将农村人口向中心城市迁移，城市与城市之间有明显大片区域的落后乡镇和大规模的人口迁徙，如江西省每年都有上千万农民未能就地就近就业，导致出现了世界上少有的春运及留守儿童现象。因此，探究有关中部地区就地城镇化方面的问题，提出相应的措施政策，具有深远的实际意义。对比中部区域的产业结构、实施政策和就地城镇化的发展，总结归纳在实现产业发展和就地城镇化过程中所获取的经验，能够为欠发达区域发展就地城镇化提供理论与实践方面的参考。基于产业发展视角分析就地城镇化问题，在经济进入新常态的时代背景下，可为促进供给侧改革及提高创新水平在政策上发挥指导性作用。总之，中部地区就地城镇化机理与路径的研究对探索中部地区具有中国特色的新型城镇化道路，落实乡村振兴战略，解决"三农"问题中农民的就业问题具有重大战略性意义；对于形成城市体系建设与经济发展的良性互动，推动中部区域城乡一体化的发展，加快中部地区新型城镇化进程具有重要的经济社会意义。

第二节　研究概念阐述

城镇化指的是某国家地区社会化生产模式的优化、科技水平的提升、产业结构的转型升级，从发挥农业主体作用的传统小农经济型的社会转变成发挥工业及服务业等非农业主体作用的城市型社会的循序渐进转化的长期过程；一部分研究或论著也将城镇化称作城市化。城镇化率作为有效地衡量城镇化的水平至关重要的指标，根据国家统计局官方给出的解释，城镇化率是一个国家（地区）城镇常住人口在总人口数量中占有的比例，上述意义的城镇化率所体现出来的城镇化水平在本书中将其称作传统城镇化水平（或称作迁徙城镇化水平及异地城镇化水平等）。学术界关于城镇化的划分类型众多，本书主要通过人口迁徙距离的远近将城镇化分成了三种类型，以下分别阐述各种类型的主要内容。

一　异地城镇化

异地城镇化指的是农村居住的人口从原住地离去，经由较长距离的迁移前往城市，最终得以就业且实现非农化的过程。原住地指的是原来居住的农村，离开农村向其他区域迁移且居住，上述城镇化过程便存在"异地"的属性。① 从农村人实现至城镇人的转化，除少部分的由农村地区转变成城镇，从而使农村人转变身份的"就地转化"以外，大部分情况为人口由农村到城镇进行迁移。

二 就地城镇化

就地城镇化（In-situ Urbanization）从字面意义上的理解是在本地进行城镇化，某种程度上也可以看作把农村变成城镇的一个过程。对比于传统的异地城镇化，就地城镇化与之存在的本质区别是乡村的人口与聚落未经由规模宏大的空间转移而转变成城镇的类型。本书所牵涉的"就地城镇化"概念指的是在特定行政辖区中的农村人口不经迁移而在本辖区内实现就业的非农化与身份市民化的整体过程。

三 就近城镇化

除了异地城镇化和就地城镇化，还有一类介于二者之间的城镇化模式：就近城镇化。就近城镇化是指农村人口向周边相对较近的区域迁移而实现的城镇化，在迁徙距离上比传统的异地城镇化更近，但相比于就地城镇化的迁徙距离又要更远。

一些研究者经常混淆或混用"就近"及"就地"这两个概念，认为两概念基本上是等同的，指的是农民或者农民工在现有的户籍所在地，或周边的乡镇、县城镇、农村的新型社区内实现非农化就业，便可获取与城市市民等同的福利待遇，同时能够享受到城市的生活工作模式的过程，上述内容对"就近城镇化"的定义模糊且缺少明确的界限。本书认为，"就地"意味着并非从原住地行政区划中迁移出去，"就近"指的是已迁移出去，便离原住地的距离是比较近的，实质上还存在"异地"属性。

四 不同城镇化空间范围界定

在辨析以上概念的过程中，一些研究者存在混淆或混用概念及

---

① 黄亚平等：《新型城镇化背景下异地城镇化的特征及趋势》，《城市发展研究》2011年第8期。

含义的现象，所以需要基于空间范畴的角度，明确而有效地界定"就地城镇化"与"就近城镇化"以及"异地城镇化"的概念。"异地""就近""就地"属空间范畴即区域概念，需要明确这样的范畴：距离多远属于向异地或就近迁移人口，多大的范畴属就地等。在现阶段的文献资料中，一些研究者较为详细地界定了"就地"及"就近"概念，指出"就近"意味着以县级城镇或地级市为依托的城镇化，是与跨省及跨地级市距离的人口流动相对来说的。[①]县级城镇或地级市等行政区划在地理特征及地域文化层面极其相似，同时现代化交通得到快速发展，通勤日益便捷，为流动人口及实现城乡一体化提供便利条件。于是本书认为，就近城镇化指的是农村人口迁移至原住地隶属的市县或周边市县的过程，未向远距离流转；就地城镇化则对农村人口就地实现转变进行强调，农民在原居住地乡村实现就业非农化即市民化。异地城镇化是指农村人口经由跨地级市或者跨省（非户籍所在地的邻近省市）环节进行长距离迁徙的过程。

第三节 研究内容及技术路线

一 研究内容

本书的主要背景是党的十九大提出乡村振兴战略、2021年李克强总理在政府工作报告中提出"十四五"阶段全面建设现代化社会主义国家，把推动大中小城市协同式发展，超大城市要推动"瘦身健体"为目标。以就地城镇化为研究对象，对就地城镇化发展的机理、动力机制、发展路径及阶段性特征等问题进行剖析，总结其可推广、可复制的农民进城过程中"进得了，留得下，能发展"的经验。

---

① 李强等：《就近城镇化与就地城镇化》，《广东社会科学》2015年第1期。

第一章 绪 论

本书选取了中部地区六省作为研究对象，一方面是西部地区经济基础较为薄弱，技术资源相对落后，就地城镇化的工作的推进难度较大；另一方面东部地区沿海城市众多，经济基础普遍较好，且在江苏、浙江等省份具有一大批的"百强县"，江浙一带较多地区在某种程度上已经实现了高水平的就地城镇化，有些地区甚至达到了饱和状态。此外，中部地区农业较发达，农业产业化，农业与第二、第三产业的融合发展是推动就地城镇化进程的基础力量，因此选取了中部地区作为本书的研究对象。

在此基础上，针对我国中部地区农村劳动力转移及不同区域城镇化发展中的问题，力求提出切合实际的加快中部地区农村劳动力转移及就地城镇化建设的发展路径，主要研究内容如下：

第一章是绪论。阐述选题的意义与背景，简要地概括研究方法与主要研究内容及创新点。

第二章为文献综述、理论与实践基础。主要包括就地城镇化的相关研究、与城镇化相关的理论基础和国内外就地城镇化的发展经验。

第三章为中部地区就地城镇化现状分析。主要包括传统城镇化发展中存在的问题、就地城镇化模式的特点和作用，以及中部地区就地城镇化的意义和可行性。

第四章为不同产业主导下就地城镇化对城乡差距的影响。根据就地城镇化的内涵对中部地区 87 个地级市 2009—2018 年的就地城镇化率进行了计算，再通过对中部地区不同产业导向型城市的划分将中部六省 87 个地级市（自治州）分成第二产业主导型、第三产业主导型和第二、第三产业交替主导三类地区，在此基础上借助门槛模型研究在这三类地区的就地城镇化水平对城乡收入差距的影响。

第五章为中部地区就地城镇化发展机理分析。本章基于 2009—2018 年中部地区 87 个地级市（自治州）的面板数据，采用动态面板模型，通过系统广义矩估计（SGMM）和最小二乘估计（OLS）探究三大产业对就地城镇化的影响机理。

第六章为新型城镇化背景下就地城镇化的发展路径。通过国家新型城镇化试点地区的设立来检验《国家新型城镇化规划（2014—2020年）》对就地城镇化发展的政策效应。采用PSM-DID模型评估该政策在就地城镇化进程所起的作用，并将中部城市划分为城市群（圈）地区和单一城市地区进行验证。

第七章为提升中部地区就地城镇化发展水平的措施。主要从人才建设、产业发展、公共服务、政府引导、绿色发展等方面提出相应的建议措施。

第八章是结论与展望。归纳总结本书的研究结论，指出目前研究上存在的问题与不足，对下一步研究的拓展进行展望与规划。

二 技术路线

本书采用的技术路线如图1-1所示。

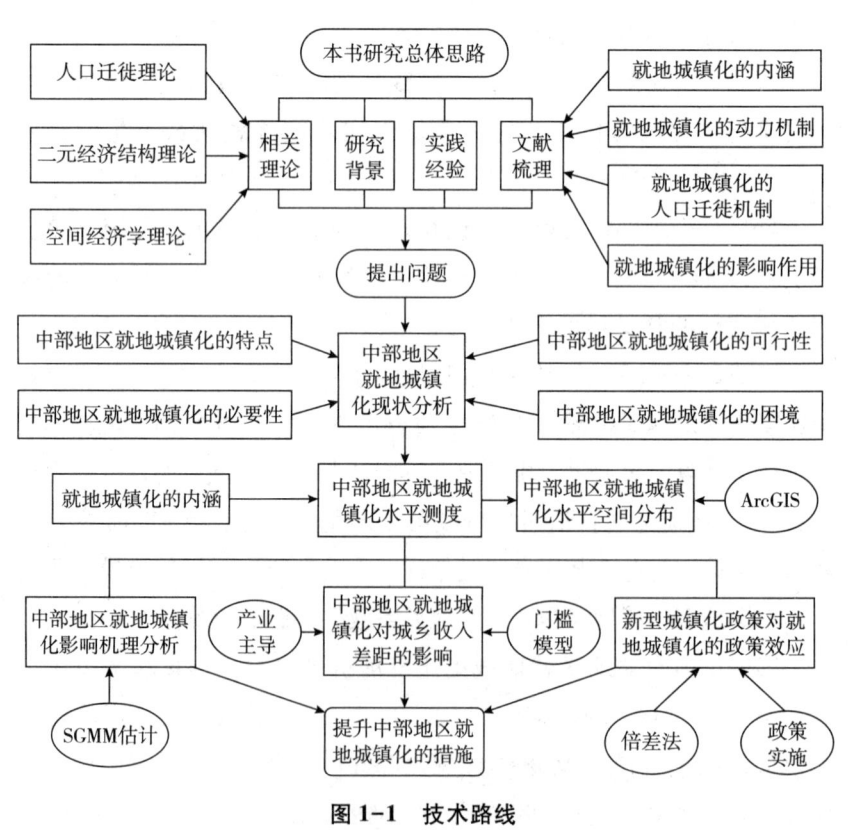

图1-1 技术路线

第四节 主要研究方法及重难点

一 主要研究方法

(一) 文献资料法

以互联网与图书馆为平台,阅读浏览期刊与文献资料,明确研究课题所涉及范围,熟悉国内外主要关于就地城镇化的研究,掌握理论知识与研究的最新动向,为本书提供理论基础及具体的思路。

(二) 门槛回归模型

门槛效应指的是当某经济参数企及特定值之后,导致另外的经济参数产生突发转向其他形式发展的现象,可将其称作结构突变,门限值是产生原因现象的临界值。Hansen(1999)研究阐述了存在个体效应的面板门限模型的方法,即为了明确门限值,采用残差平方和最小化作为基本条件,检验门限值的显著性,剔除结构突变点的偏差;研究思路是选择某一变量作为门限变量,将门限值作为依据,将回归模型划分至不同区间中,各区间回归方程是不同的,根据门限区间对样本值进行归类,回归后对比各区间系数的变化。

(三) 广义矩估计

基于所度量的指标,城镇化程度及影响因素的特点是多维度且是抽象的,所涉及的变量主观性很强、很难进行直接有效的度量、存在较大误差、因果关系复杂等,尤其是解释变量包括诸多能够观测到的相关指标。采用工具变量法等经济学估计法有局限性,各参数估计量需要满足某假设才能稳定。广义矩估计不需要明确随机误差项分布信息,允许随机误差项与异方差及序列相关,规避以往统计研究所导致的方法方面的误差,因此所获得的参数估计量更为准确。

(四) 双重差分模型

双重差分法对比政策实施前后对照组与实验组的不同，构造出表现政策效果的双重差分统计量，由构建模型对研究对象之间的事前差异予以有效的控制与管理，把真正的政策影响的结果加以分离。基于评估政策层面，DID 模型有机地结合"有无差异"及"前后差异"，某种程度使一些除了干预性因素之外的其余因素的相应影响加以控制与管理，并且将有可能使局部变量受到影响的协变量加入模型里；同时模型构造所能够满足的条件是比较少的，所以在接下来的研究中选取此模型进行实证检验。

二 研究的重点与难点

本书的研究解决的问题主要有以下几点：一是基于就地城镇化的内涵计算了中部地区各城市的就地城镇化水平；二是通过不同类型的产业对中部地区的城市进行分类，借助门槛模型分析中部地区不同类型城市的就地城镇化水平对城乡收入差距的影响；三是通过系统广义矩估计（SGMM）对第一、第二、第三产业在就地城镇化进程中的影响机理进行研究；四是对新型城镇化规划（2014—2020年）的政策效应进行评估，利用双重差分模型（DID）分析了新型城镇化政策在中部地区就地城镇化过程中的作用。

本书的研究难点在于：第一，要分析就地城镇化的发展机理，首先需要深刻解读就地城镇化的内涵，相对比传统迁移城镇化，就地城镇化在内涵本质上有什么不同，而难点就在于深刻解读就地城镇化的内涵，给就地城镇化一个准确、全面的概括。第二，目前城镇化水平的测量方法较多，有从人口、产业、土地、经济等各个方面计算城镇化水平，但对于就地城镇化水平的度量没有一个统一的标准，相关的实证研究也较少，本书的研究另一难点在于就地城镇化水平的计算，包括对整体就地城镇化水平和各种模式的就地城镇水平的测度。第三，基于中部地区就地城镇化水平的测度，对中部地区就地城镇化的发展机理探究以及新型城镇化政策在就地城镇化进程中的政策效应评估也是本书研究的难点。

第五节 研究的创新之处

本书研究了现阶段我国经济领域中的热点问题且结合相关实际在实证方面创新。目前我国城镇化只是表面形式的"农民进城",即实现农民的市民化,沿着由农村至城镇的方向流动人口;然而大中型城市在容纳人口上存在相应的局限性,不可能毫无节制地扩展,但小城镇或乡村可得到持续发展,拥有容纳更多城镇化人口的空间,本书指出就地城镇化是实现新型城镇化的现实路径;本书可能的创新之处主要有以下几点:

一是明确就地城镇化的区域范围,目前就地城镇化的区域界定缺乏统一,且较少研究对就地城镇化水平进行量化,本书根据就地城镇化的内涵,从农村居民就业非农化的角度计算中部地区的就地城镇化水平。

二是以产业为核心驱动力来划分不同地区的就地城镇化类型,把农村居民收入问题作为就地城镇化进程中需要解决的核心问题。构建门槛模型,基于影响就地城镇化的产业这一核心驱动力的角度,研究中部地区就地城镇化进程在各产业的主导下对城乡居民收入差距的影响。

三是采用系统广义矩估计(SGMM)对中部地区就地城镇化的发展机理进行分析,通过倍差法(DID)检验了新型城镇化政策在中部地区就地城镇化进程中的政策效应。本书分别从就地城镇化的内部因素(产业发展)和外部因素(政策效应)分析就地城镇化进程中内部影响机理和外部发展路径,将内外部因素结合起来研究就地城镇化问题。

第二章
文献综述、理论与实践基础

第一节 文献梳理

一 关于城镇化的相关研究

近年来,城镇化成为学术界的研究热点,不同的学科对城镇化进行了探讨,形成了许多颇有价值的研究成果,通过文献检索,学者主要从以下几个方面对城镇化进行了探讨。

(一)城镇化内涵的界定

城镇化概念具有综合性特点,将此学科的独特研究视角彰显出来。聚焦于经济学视角,城镇化指的是在由自然农村经济实现至城市经济转化的过程中,实现社会化大生产的过程,表现的形式包括生产要素过去在城市集中且为传统的农业社会,经由过渡而成为工业现代社会[1],工业化为推动城镇化提供永不枯竭的驱动力;人口学以人口迁移与变迁为侧重点,把城镇化过程诠释成农村人口逐步转移与集中至城市地区,从而在人口总数量中提高城市人口的比例的整体过程[2],

---

[1] [美]沃纳·赫希:《城市经济学》,中国社会科学出版社1990年版,第12页。
[2] [美]赫茨勒:《世界人口的危机》,商务印书馆1963年版,第86页。

埃尔德里奇将集中人口当成"所有的城镇化含义"[1],基于技术的进步与提高创新体制水平大幅度提升公众控制疾病能力与增强食品安全性的情境,受到人口改变而驱动的全球一体化的历史进程[2];地理学指出城镇化意味着转换与调节了生活的分布空间,随生产力的快速发展,人口与生活和产业及居住模式在时空中逐步演进的过程[3];社会学对城镇化概念予以高度重视,是人口广泛迁移、优化发展产业、改变社会结构等打造的过程,索罗金等把城镇化解读为在农村人口向城市集聚时改变了行为模式与价值观;弗里德曼认为,城镇化是向城市集聚人口并从事非农业活动的过程,与此同时,城市的生活方式与价值观以及文化将扩散至农村区域中;表明城镇化相当于整体社会生活质量得到相应提高,价值观得到相应的强化,如果生活质量与水平没有得到提升,即便是城镇化率再高,也会没有存在与发展的对应价值。[4] 马克思观点表明城镇化的理论意味着人实现城镇化,相当于以丰富物质为基础的人的观念与思想、行为与环境以及生活模式实现了城镇化。

(二)城镇化的协调性研究

可将城镇化基于人口和土地与经济以及社会等层面有效地划分类别,细分城镇化发展的协调性是现阶段城镇化研究的热点,可采取定性与定量两种方法进行研究。

1. 定性方面

诸如我国西部等经济不发达区域,因为历史、地理以及资源等因素的限制,导致区域经济以及城镇化发展水平受到阻碍,进而导致这些地区存在经济规模偏小、没有健全城镇体系、弱化城镇功能

---

[1] 项继权:《城镇化的"中国问题"及其解决之道》,《华中师范大学学报》(人文社会科学版)2011年第1期。

[2] Wu, J., et al., "Urbanization and the Viability of Local Agricultural Economies", Land Economics, Vol 87, No. 1, 2011, pp. 109–125.

[3] 李小云等:《中国人地关系的历史演变过程及影响机制》,《地理研究》2018年第8期。

[4] 何平等:《中国城镇化质量研究》,《统计研究》2013年第6期。

等问题，最终影响了区域城镇化的协调发展[1]；与此同时，石培基也提到，经济不发达地区在城镇化进程中将进入快速发展时期，需针对城镇化协同性发展、社会环境等内容予以优化，进而确保城镇化事业得以协调可持续发展。对于任保平等开展的研究工作当中，将西部地区作为主要分析的对象，同时提到城镇化发展的重要程度，而且从生活联系、空间联系以及基础条件等多个层面针对城镇化协调发展予以了客观准确地评价，并且提到城镇化道路需要和农业现代化以及工业化等协调。[2] 王建志等提到，在当前中国发展城镇化道路当中，确实存在区域协调政策、城镇化相比工业化落后、城镇化和社会发展协调性被忽略以及城镇化和经济发展不匹配等问题，诸如此类问题对于我国城镇化发展进程产生了制约问题；在上述问题基础上，王建志等指出，在城镇化发展的过程中需要和经济社会、经济产业以及自然环境等统筹协调发展起来，进而针对不同要素之间协调性进行提升。[3] 与城镇化协调发展相关的研究还包含蔡荣等[4]、沈清基[5]、具延花[6]等，均从不同层面和角度来针对城镇化协调发展内在机理进行了分析，并且给予了相应的措施和办法。

2. 定量方面

杨阳等将城镇化耦合协调度的空间集聚模式划分为热点聚集型、中部发展型、冷点聚集型、边缘游离型4种类型。[7] 金浩等针对土地、人口以及资本城镇协调发展相关指标进行了构建，借助系统耦

---

[1] 石培基等：《城乡一体化导向的村庄整治与布局规划》，《中国人口·资源与环境》2013年第4期。

[2] 任保平等：《西部地区统筹城乡发展：态势、模式和路径选择》，《财经科学》2008年第10期。

[3] 王建志等：《中国城镇化发展的问题与政策思路》，《首都经济贸易大学学报》2011年第4期。

[4] 蔡荣等：《县域经济与城镇化的协调发展》，《统计与决策》2017年第6期。

[5] 沈清基：《论基于生态文明的新型城镇化》，《城市规划学刊》2016年第1期。

[6] 具延花等：《中国城镇化发展协调性研究》，《国土与自然资源研究》2017年第6期。

[7] 杨阳等：《长江流域人口—土地—经济城镇化的时空耦合协调性与驱动因子分析》，《世界地理研究》2021年第3期。

合协调度模型来针对当前中国约 280 个地区城镇协调发展水平予以了评价。研究结果显示，我国地级市层面在三重城镇化协调发展方面依旧需要予以进一步的提升，然而不同地区在空间相关系方面较为明显①；刘琼等通过速度标准来评判并且提出，对土地城镇化和人口城镇化之间的协调关系缺乏理论根据。与土地、人口城镇化等规律相结合，进而站在阶段协调的角度来针对两者之间的协调变化予以考察。② 尹宏玲等将全国 644 个城市作为分析样本，同时凭借离差系数有效地衡量土地与人口城镇化两者的协调，结果表明两者间存在不协调的现象，然而此种问题逐渐趋于缓和；此外，经过研究发现，区域差异与城市规模差异对协调性也是有影响的。③ Zhu 等凭借塞尔指数与构建协调模型研究人口、土地城镇化的协调性，结果发现两者之间的不协调情况正在朝着全国蔓延发展的趋势，而导致此现象的主要因素之一便是土地财政。④

程莉等将中国作为研究对象，构建 VAR 模型研究人口和经济城镇化两者互动的关联，结果表明在工业化进程中，产业和就业在结构上存在偏差，导致人口和经济城镇化具有相应的偏差。⑤ 范擎宇等构建耦合协调度模型，以近十六年长三角城镇化进程为研究对象，分析各子系统协调发展的水平，采取空间变差函数研究城镇化产生集聚协调空间的机制。⑥ 王亚力等以环洞庭湖区为研究对象施行实

---

① 金浩等：《基于 ESDA-GWR 的三重城镇化协调性空间分异及驱动力研究》，《统计研究》2018 年第 1 期。
② 刘琼等：《基于阶段对比的中国人口城镇化与土地城镇化协调关系》，《中国人口·资源与环境》2018 年第 1 期。
③ 尹宏玲等：《我国城市人口城镇化与土地城镇化失调特征及差异研究》，《城市规划学刊》2013 年第 2 期。
④ Zhu, F., et al., "Coordination and Regional Difference of Urban Land Expansion and Demographic Urbanization in China during 1993 – 2008", *Progress in Geography*, Vol. 33, No. 5, 2014, pp. 647–656.
⑤ 程莉等：《人口城镇化与经济城镇化的协调与互动关系研究》，《经济纵横》2014 年第 1 期。
⑥ 范擎宇等：《耦合视角下长三角地区城镇化协调度的时空特征及交互机制》，《地理研究》2020 年第 2 期。

证研究，剖析从 2001 年开始此区域人口与经济城镇化关系的进程；时间序列表明从 2001 年开始此地区城镇化得到快速发展，然而六年之后，人口城镇化比经济城镇化现象显著，拉动经济城镇化的效率比"两湖"区域与平均国家水平显著要低；经济城镇化的进程循序渐进地由边缘区拓展至中心区。[①] 王兴芬等以 1994—2014 年我国的相关数据为研究对象，采用复合指标法对评价指标予以客观地选取，采取极差标准化法处理原始的数据，采取熵值法明确各指标的权重，将协调发展模型构建出来，对土地和人口的城镇化指数、发展度、协调度加以测度，其结果显示十年内我国具有极快的土地城镇化速度。所以需要以提升人口的城镇化质量与水平为基础，适量地放缓土地城镇化进程，从而使二者协调持续地发展。[②] Sun 等指出，城镇化涵盖人口与空间城镇化以及经济三部分，采取定量评估法研究城镇化的非协调性，结果表明此值循序渐进地降低，指出使非协调性受到影响的主要因素涵盖户籍制度及评价绩效体系等。[③] 陈淑凤[④]、王景利等[⑤]、孙华等[⑥]、丁志伟等[⑦]、吕添贵等[⑧]指出，城镇化需要和工业化实现协同发展，然而近些年来城镇化比工业化的进程显著滞后，将来需科学有效地控制两者间的有效协调性，同时

[①] 王亚力等：《2001 年以来环洞庭湖区经济城镇化与人口城镇化进程的对比研究》，《地理科学》2014 年第 1 期。

[②] 王兴芬等：《中国土地城镇化与人口城镇化协调发展的实证研究——基于协调发展模型》，《技术经济与管理研究》2017 年第 1 期。

[③] Sun, P. J., et al., "Non-coordination in China's Urbanization: Assessment and Affecting Factors", *Chinese Geographical Science*, Vol. 23, No. 6, 2013, pp. 729–739.

[④] 陈淑凤：《工业化、城镇化、信息化、农业现代化和绿色化耦合协调发展研究》，《中南林业科技大学学报》（社会科学版）2017 年第 2 期。

[⑤] 王景利等：《哈尔滨市新型工业化与新型城镇化发展关系研究》，《金融理论与教学》2016 年第 6 期。

[⑥] 孙华等：《江苏省工业化与城镇化协调发展对策研究》，《资源与产业》2016 年第 2 期。

[⑦] 丁志伟等：《中国工业化、城镇化、农业现代化、信息化、绿色化"五化"协调定量评价的进展与反思》，《地理科学进展》2016 年第 1 期。

[⑧] 吕添贵等：《人口城镇化与土地城镇化协调性测度及优化——以南昌市为例》，《地理科学》2016 年第 2 期。

提出妥善处理好农村的城镇化事务等有针对性的策略。实现乡村农业现代化是振兴乡村战略的核心环节,同时发挥导向性作用,涵盖着振兴产业与文化和人才与组织以及生态等内涵,加强与促进物质空间方面的建设,更新与改进农村落后的基础设施,大力整治与优化村庄的环境,以由传统的乡村发展至综合"软环境"为目标。深化农村与农业及农民的体制机制改革,为实现乡村的持续发展缩减政策方面的约束,重新构建健全现代化"三农"制度体系,为实现城乡发展的一体化提供服务。针对乡村做好引进人才工作,建设良好的风貌,优化组织架构,各级主管机构以改革政策机制为契机,使既有政策的不足得到有效弥补。以提出乡村振兴战略为契机,实现乡村的持续发展,改革政府行政的管理机制,快速转变与健全政策体系,为乡村的健康持续发展提供政策方面的有力支持。

梳理有关城镇化协调性方面的文献资料与研究成果表明,研究城镇化的热点与焦点成为"协调性"的内容,目前研究集中在以下几个方面:土地及人口的城镇化、土地及经济的城镇化、经济及人口的城镇化等协调性[1][2][3][4][5],较少地针对人口、土地、经济三者的城镇化协调性进行研究[6];但城镇化涵盖人口与经济以及土地层面的发展,同时涵盖社会层面的发展,可将其称作社会城镇化概念,现阶段研究人口、土地、经济、社会城镇化协调性的研究成果的数量比较少,但研究两者或三者间的协调性的研究成果比较多。

---

[1] 陈凤桂等:《我国人口城镇化与土地城镇化协调发展研究》,《人文地理》2010年第5期。

[2] 李子联等:《人口城镇化滞后于土地城镇化之谜——来自中国省际面板数据的解释》,《中国人口·资源与环境》2013年第11期。

[3] 刘娟等:《重庆市人口城镇化与土地城镇化协调发展评价》,《西南师范大学学报》(自然科学版)2012年第11期。

[4] 崔许锋等:《民族地区的人口城镇化与土地城镇化:非均衡性与空间异质性》,《中国人口·资源与环境》2014年第8期。

[5] 杨丽霞等:《人口城镇化与土地城镇化协调发展的空间差异研究——以浙江省69县市为例》,《中国土地科学》2013年第11期。

[6] 曹文莉等:《发达地区人口、土地与经济城镇化协调发展度研究》,《中国人口·资源与环境》2012年第2期。

(三) 城镇化与城乡收入差距的关系

诸多研究者研究了如何缩小城乡之间在收入上的差距等问题，基本上以二元经济及人力资本为视角进行研究；指出需要以城镇化为契机，推动农民收入得到快速增长，同时缩减城乡在收入上的差距[1][2][3]，但其差距随着城镇化进程加快而持续增加。[4] 表明城镇化和缩减差距目标不存在兼容性。研究者的观点包括以下类型：

第一种观点指出，城镇化使城乡收入差距得以缩减。由于城镇化，城乡人际交流更紧密，可发挥外部的人力资本效应，从而使差距得以缩减。[5] 陆铭等以1987—2001年省级面板数据为研究对象实证分析，结果表明城市化显著缩减城乡收入差距[6]；董洪梅等指出城镇化对缩减差距发挥积极正向的作用，机理是使城乡流动劳动力阻碍得以消除、拓宽劳动者收入的渠道，于是城乡收入差距自然而然地缩小。[7] 此外，Arouri 等、Adams 等和 Sulemana 等学者也得出了类似的结论。[8][9][10]

第二种观点认为，城镇化会扩大城乡收入差距。研究者认为之

---

[1] 陈斌开等：《发展战略、城市化与中国城乡收入差距》，《中国社会科学》2013年第4期。

[2] 曹裕等：《城市化、城乡收入差距与经济增长——基于我国省级面板数据的实证研究》，《统计研究》2010年第3期。

[3] 马强等：《城镇化缩小城乡收入差距的机制与效应——基于中国271个城市面板数据的分析》，《城市问题》2018年第10期。

[4] 穆红梅：《城镇化水平与城乡收入差距关系研究——基于收入结构视角》，《经济问题》2019年第8期。

[5] Lucas, et al., "On the Mechanics of Economic Development", *NBER Working Paper*, Vol. 22, No. 1, July 1988, pp. 3-42.

[6] 陆铭等：《城市化、城市倾向的经济政策与城乡收入差距》，《经济研究》2004年第6期。

[7] 董洪梅等：《老工业基地产业结构升级、城镇化与城乡收入差距——基于东北地区城市的实证分析》，《农业技术经济》2020年第5期。

[8] Arouri, M., et al., "Does Urbanization Reduce Rural Poverty? Evidence from Vietnam", *Economic Modelling*, Vol. 60, 2017, pp. 253-270.

[9] Adams, S., et al., "Urbanization, Economic Structure, Political Regime, and Income Inequality", *Social Indicators Research*, Vol. 14, No. 3, 2019, pp. 971-995.

[10] Sulemana, I., et al., "Urbanization and Income Inequality in Sub-Saharan Africa", *Sustainable Cities and Society*, Vol. 48, 2019, p. 544.

第二章
文献综述、理论与实践基础

所以城乡间存在差别，其主要影响因素是城乡二元结构，也就是说，二元分割体制存在，使城乡流动劳动力受到极大程度阻碍，使外部人力资本效应不易产生[1]；另外，由于城市拥有大量的资金、信息、技术知识等丰富的资源，同时财政支出等政策发挥导向性作用，使农村处于劣势地位，导致很难提升农村居民收入的水平，于是扩大了收入差距[2][3]，同时城镇化长期正向影响城乡收入差距的提高，时间越长且效果越显著[4]，原因是基于城乡二元结构的强烈影响，导致城镇化对大型城市存在偏好，这将会造成更多的资源流向城市而不利于缩小城乡收入差距。[5] 类似地，Oycat 和 Castellsd 等的研究显示过度的城镇化会扩大地区之间的收入不平等。[6][7]

第三种观点认为两者呈倒"U"形关系。这类学者认为城乡收入差距随城镇化水平的提升呈现出"先扩大，后缩小"的局面。王全景等通过构建双重二元结构模型，以 2000—2015 年省级面板数据为研究对象进行实证分析与检验。结果显示，城镇化的推进先是扩大、最后缩减城乡收入差距，二者呈现出倒"U"形关系[8]；冯梦黎等指出，城镇化和城乡收入差距两者关系呈倒"U"形，其表现形式是相对收入差距，提高城镇化水平可推动农业劳动生产率及人

---

[1] 蔡昉等:《户籍制度与劳动力市场保护》,《经济研究》2001 年第 12 期。

[2] 李子叶等:《中国城市化进程扩大了城乡收入差距吗——基于中国省级面板数据的经验分析》,《经济学家》2016 年第 2 期。

[3] 吴昌南等:《我国城乡一体化缩小了城乡收入差距吗？——基于省级面板数据的实证研究》,《江西财经大学学报》2017 年第 2 期。

[4] 李宏印:《城市化、经济增长与城乡收入差距》,《农业技术经济》2011 年第 8 期。

[5] Zhang, J., et al., "Land Supply and Urbanization Strategy in the Yangtze River Delta Region, China", *Growth and Change*, Vol. 50, No. 4, 2019, pp. 1338-1355.

[6] Oycat, C., "Agrarian Structures, Urbanization, and Inequality", *World Development*, Vol. 83, 2016, pp. 207-230.

[7] Castellsd, et al., "Are Increasing Urbanisation and Inequalities Symptoms of Growth?", *Applied Spatial Analysis and Policy*, Vol. 8, No. 3, 2015, pp. 291-308.

[8] 王全景等:《所有制结构、城镇化与城乡收入差距——基于双重二元结构视角的分析》,《山西财经大学学报》2018 年第 5 期。

力资本水平提高,于是城乡收入差距相对缩减。① Wu 等基于固定效应和随机效应模型的实证分析表明,收入差距及城市化关系的倒"U"形极其稳定,城镇化率在达到 53% 之后对减小收入差距有显著的作用②。

一些研究者指出,城镇化在影响城乡收入差距程度上存在门槛效应。周少甫等采取门槛面板模型,以 1993—2007 年城镇化对城乡收入差距的影响为研究对象,结论表明,两者存在显著的门槛效应,在前者低于 45.6% 时,前者对后者没有产生显著作用;然而城镇化率超过 45.6%,其作用将逐步显著起来。③ 卢倩倩等采取门限面板回归模型研究各经济的运行时期影响分配收入的非线性关系;结果发现城镇化水平使城乡地区间的收入差距受到显著影响;东北城镇化进程使城乡地区间收入差距显著缩减,中部、东部沿海、西部地区城镇化进程使城乡之间的收入差距显著扩大。④

(四)城镇化的影响效应研究

在研究城镇化理论与实践的领域中,研究重点与热点是影响城镇化的效应等内容,包括最开始的城镇化对经济增长、产业结构与产城融合、居民的消费及收入的影响等,目前基于新常态的城镇化对资源环境和生态人文的影响等。研究影响城镇化效应的成果比较多,牵涉广泛的研究对象,基本上包括社会经济发展的各层面,以检索的关键词与出现的频次划分类别,可划分成对下列层面的影响:

---

① 冯梦黎等:《城镇化对城乡收入差距的影响》,《城市问题》2018 年第 1 期。
② Wu, D., et al., "Urbanization and Income Inequality in China: An Empirical Investigation at Provincial Level", *Social Indicators Research*, Vol. 131, No. 1, 2017, pp. 189–214.
③ 周少甫等:《地区差异、城市化与城乡收入差距》,《中国人口·资源与环境》2010 年第 8 期。
④ 卢倩倩等:《城镇化、经济周期与地区收入分配差距——基于面板门限模型的分析》,《经济问题》2020 年第 2 期。

第二章
文献综述、理论与实践基础

1. 城镇化对人口方面的影响

国外文献资料包括 Qi 等[1]以中国东南沿海省区为研究对象，构建了农村—城市的拉力模型，分析农村地区剩余劳动力想要迁移的意向行为、城镇化产生的影响等内容，表明此地区农村的拉力比城市高，大部分剩余劳动力没有较高的迁移意向，存在就近或者就地实现城镇化的倾向性；之所以存在上述现象，其本质原因是农民希望实现利益的最大化。Wang 等[2]指出，我国统计既有的人口与就业数据可产生一定的误导，大部分移民与劳动力流动于城乡间，但数据没有将其包含于其中；经由重新对比与评估，指出2012年官方数据对城市就业数量予以低估且对农村就业数量进行高估，彼时实质上的城镇化率已高达55%的比例；假如能够有效地解决户籍及城乡福利制度等存在的阻碍，将来城镇将流入更多的农村居民。

国内文献资料包括温涛等基于理论的视角研究人口及空间的城镇化影响居民消费的作用性机制，采取最小二乘法等加以实证验证；结果表明，人口及空间的城镇化推动县域居民的快速消费，分位点提高，则人口城镇化弹性系数得以提高，空间城镇化基于低至高的消费组的推动性作用不显著，基于其他分位点分布呈现倒"U"形，人口城镇化对推动县域居民的消费比空间显著要高。[3] 韩立达等构建向量自回归模型，解释变量涵盖升级产业结构、经济发展增长、人口城镇化等，以2000—2015年四川省数据为研究对象，结果为经济发展增长、产业结构升级正向推动人口城镇化的持续发展。以相关数据为依据估测"十三五"阶段四川人口城镇化情况，得到

---

[1] Qi, X., et al., "A 'Double-Pull' Model of Rural Labor Migration and Its In-situ Urbanization Effect: Cases Studies of Three Coastal Areas in Southeast China", *Scientia Geographica Sinica*, Vol. 32, No. 1, 2012, pp. 25-30.

[2] Wang, X., et al., "China's Urban Employment and Urbanization Rate: A Re-estimation", *China & World Economy*, Vol. 22, No. 1, 2014, pp. 30-44.

[3] 温涛等：《城镇化有效驱动了居民消费吗？——兼论人口城镇化与空间城镇化效应》，《中国行政管理》2017年第10期。

的结论是2017年、2018年四川常住人口的城镇化率将突破50%。①丁任重等构建聚集人口及城市空间拓展的动态实时均衡模型，探究基于政府促进、拓展城镇空间影响人口的内容与程度，结果表明在城镇延伸的过程中，导致城镇空间不断拓展，同时使两种类型的半城镇化的人口得以衍生出来。②张吉鹏等的实证研究显示劳动力之所以回流，其主要的原因是落户于城市的门槛所致，其显著地影响着技能水平低、跨省进行流动、农村户籍的群体；上述机制即流动人口公共服务的可得性。③郭远智等以构建的空间计量模型为基础分析地域分异的县域农村人口外流率机制；可将其演化划分成迟缓发展、大批量外流、农业人口市民化三阶段；县域农村人口的外流率不断提高，乡村常住与农业户籍人口显著降低了集中度，空间聚类与空间显著正相关。④汪泓等⑤、黄明等⑥以人口就业为着眼点，采取脉冲响应实证研究就业和城镇化水平两者的关联，指出，城镇化和就业间存在稳定而长期的关联，今后要使城镇化影响就业人口的效应得以增强。

2. 城镇化对经济方面的影响

国外文献资料包括Satterthwaite等指出城镇化为全球经济、工业及服务企业的发展提供有力的支撑，然而针对中等或低收入的国家来说，目前城镇化发展的核心问题是怎样以实现城镇化为契机、对

---

① 韩立达等：《经济增长、产业结构升级对人口城镇化的影响研究——基于四川省数据的分析》，《经济问题探索》2016年第10期。
② 丁任重等：《城镇蔓延与滞留型城镇化人口》，《中国人口·资源与环境》2016年第4期。
③ 张吉鹏等：《城市落户门槛与劳动力回流》，《经济研究》2020年第7期。
④ 郭远智等：《中国农村人口外流的时空演化及其驱动机制》，《地理科学》2020年第1期。
⑤ 汪泓等：《中国就业增长与城镇化水平关系的实证研究》，《南京社会科学》2012年第8期。
⑥ 黄明等：《我国城镇化与城镇就业的实证研究》，《中国管理科学》2012年第12期。

第二章
文献综述、理论与实践基础

农业的繁荣景象提供支撑，并使农村及城市的贫困现象得以减少。[①] Wu 等采取加州与爱达荷州等面板数据分析城镇化对农业经济的影响程度，结果表明城镇化将极大程度地影响农业基础设施建设与农场的净收入，表明农业的城镇化面临的机遇将比挑战更多一些。[②] Shahbaz 以 Tunisia 为研究对象进行实证研究，客观评价能源耗费、金融业发展、工业化、城镇化之间的关系，通过格兰杰因果检验指出以上内容基于各地区的实际存在长期且稳定的关系，指出发展城镇化不能脱离工业化。[③] Oyvat 指出，城镇化与非正规经济的关系是倒"U"形；最开始实行城镇化的阶段，非部门经济受到一些推拉因素的影响，呈现提高的态势，在城镇化的中后期呈现降低的态势。[④]

国内文献资料包括杨浩昌以 2001—2012 年省级面板数据为研究对象，分析人口及土地的城镇化影响经济发展增长的内容与程度、在区域方面存在的差异，深层次地分析相应的原因；结果表明基于存在局限性的消费、投资、出口、人力资本的条件与情境，目前人口及土地的城镇化对经济增长实现显著的推动与促进，人口城镇化影响经济发展增长的程度比土地高。[⑤] 左鹏飞等以 2003—2018 年面板数据作为研究对象构建 GMM 模型，研究互联网发展、互联网及城镇化融合等因素对产业结构转型的实时动态效应，分析区域上存

[①] Satterthwaite, D., et al., "Foresight Project: DR13: Urbanization and Its Implications for Food and Farming", *Philosophical Transactions of the Royal Society B Biological Sciences*, Vol. 365, No. 15, 2010, pp. 2809-2820.

[②] Wu, J., et al., "Quantifying Spatiotemporal Patterns of Urbanization: The Case of the Two Fastest Growing Metropolitan Regions in the United States", *Ecological Complexity*, Vol. 8, No. 1, 2011, p. 8.

[③] Shahbaz, M., "Does Financial Development Increase Energy Consumption? The Role of Industrialization and Urbanization in Tunisia", *Energy Policy*, Vol. 40, 2012, pp. 473-479.

[④] Oyvat, E. C., "Lurking in the Cities: Urbanization and the Informal Economy", *Structural Change and Economic Dynamics*, Vol. 27, December 2013, pp. 36-47.

[⑤] 杨浩昌:《中国城镇化对经济增长的影响及其区域差异——基于省级面板数据的分析》,《城市问题》2016 年第 1 期。

在的差异性。① 范兆媛等以2004—2014年的省域数据为研究对象，采取熵权法将新型城镇化的指标引入其中，选择动态的短面板空间误差模型研究新型城镇化对经济增长的影响，同时对区域之间的差异性进行对比，研究结果显示新型城镇化显著地推动经济的增长，同时相比于东部，对西部与中部的影响更大一些。② 王婷③、刘洪等④、黄婷⑤构建面板VAR模型，采取非参数法分析经济增长与城镇化两者的关系。

3. 城镇化对社会方面的影响

国外文献资料包括Sato等构建失业者能够直接或间接在城市就业的模型，研究城镇化影响社交及就业的程度，结果表明如城镇化的程度较高，则务工者更乐于社交，假如地区的城镇化程度比较低，务工者的参与社交意愿则弱化，假如中等城镇化，则无显著的社交趋势。⑥ Liu等指出，城中村是城镇化进程所衍生出来的新型城市社区，现阶段的监管基于真空现象，同时缺乏明确与稳定的土地权利；以上现象即城中村居民生存及发展模式，为居民提供低成本的居住空间。⑦ Dicecio等以迁移城镇化为研究对象分析美国收入收敛性特征，采用非参数分布动力学技术对比分析都会区与非都会区PCPI分布的情形，结果表明PCPI在美国呈现出颁布的双峰模式，

---

① 左鹏飞等：《互联网发展、城镇化与我国产业结构转型升级》，《数量经济技术经济研究》2020年第7期。

② 范兆媛等：《新型城镇化对经济增长影响的研究——基于空间动态误差面板模型》，《数理统计与管理》2018年第1期。

③ 王婷：《中国城镇化对经济增长的影响及其时空分化》，《人口研究》2013年第5期。

④ 刘洪等：《基于非参数方法的城镇化与经济发展的分析》，《统计与决策》2013年第22期。

⑤ 黄婷：《论城镇化是否一定能够促进经济增长——基于19国面板VAR模型的实证分析》，《上海经济研究》2014年第2期。

⑥ Sato, Y., et al., "How Urbanization Affect Employment and Social Interactions", *European Economic Review*, Vol. 75, 2015, pp. 131-155.

⑦ Liu, Y., et al., "Urban Villages Under China's Rapid Urbanization: Unregulated Assets and Transitional Neighbourhoods", *Habitat International*, Vol. 34, No. 2, 2010, pp. 135-144.

第二章
文献综述、理论与实践基础

同时都会区及非都会区均存在收敛性和一致性，之所以存在收敛性特点，其原因是城镇化与移民等因素造成的。①

国内文献资料包括陈云松等以社会调查 CSS2011 及城市统计资料的数据为研究对象，研究城镇化所产生出来的不平等效应，同时分析在城镇化进程中，具备城镇户籍的人口与具备农业户籍的流动性人口的融合问题，指出"城里人"及"进城农民"两者是不平等的，在城镇化过程中社会的彼此融合受到阻碍。② 赵建吉等构建生态环境与新型城镇化的协调耦合模型，测度 2005—2016 年黄河流域生态环境及新型城镇化的协调耦合性。③ 段巍等以拓展 Rosen-Roback 模型为基础构建城镇居民福利核算模型，估测 2000—2017 年城镇居民的福利待遇与影响因素，指出政府之间均等化公共服务是改进与完善居民福利制度及提高国民生产总值的有效方式。④ 李云新以制度模糊性为出发点探究城镇化进程存在社会冲突问题，指出制度之所以不明确的主要原因是没有均衡而合理地分配利益，未来发展城镇化时需构建与完善合理有效的制度，减少政府及强势集团对城镇化干涉的程度，推进城乡社会统筹发展与快速融合。⑤

在研究城镇化理论与实践的领域中，研究重点集中在城镇化的影响效应等内容上，包括最初的城镇化和经济增长、产业结构与产城融合、居民的消费及收入、目前新常态下的城镇化对资源环境和生态人文的影响等。梳理影响城镇化效应的义献资料表明现阶段我国影响城镇化效应的主要研究内涵覆盖社会与人口和经济及土地等

---

① Dicecio, R., et al., "Income Convergence in the United States: A Tale of Migration and Urbanization", *Annals of Regional Science*, Vol. 45, No. 2, 2010, pp. 365-377.

② 陈云松等：《城镇化的不平等效应与社会融合》，《中国社会科学》2015 年第 6 期。

③ 赵建吉等：《黄河流域新型城镇化与生态环境耦合的时空格局及影响因素》，《资源科学》2020 年第 1 期。

④ 段巍等：《中国式城镇化的福利效应评价（2000 2017）——基于量化空间模型的结构估计》，《经济研究》2020 年第 5 期。

⑤ 李云新：《制度模糊性下中国城镇化进程中的社会冲突》，《中国人口·资源与环境》2014 年第 6 期。

诸多层面①②③④⑤⑥；国外影响城镇化效应的主要研究覆盖社会生活、生态、健康等层面；研究影响城镇化效应的大多数内容均基于人口城镇化的信息与数据，没有融合其他类型的城镇化及综合性质量。

（五）城镇化过程中乡村振兴的发展研究

1. 国内方面的研究

屠爽爽等通过构建 TOPSIS 模型指出，广西壮族自治区乡村发展的水平快速提高，乡村存在从相对均质迈向异质发展的趋势；经济、社会、空间的重构强度均值循序渐进地增加，空间重构虽然取得迅猛发展然而还是处于较滞后的状态；经济—社会—空间重构耦合度均值不断提高，然而现阶段协调水平还是有待于提升。⑦徐维祥等构建耦合协调度模型及地理加权回归模型，以 2005—2017 年 30 个省（市、区）为研究对象，分析振兴乡村及新型城镇化耦合协调水平与空间动态演进。⑧叶超等认为，实现城乡融合目标，需深入分析新型城镇化及振兴乡村战略的契合点、时空层面存在的差异点，发挥学科交叉领域的问题导向，以空间与经济以及社会为立足点，厘清城乡在行政、土地、社保、户籍之间的关联，提倡多维制度进行联动，由国家至城市、再至乡镇及社区有效地整合，创新城

---

① 郑鑫：《城镇化对中国经济增长的贡献及其实现途径》，《中国农村经济》2014 年第 6 期。
② 秦佳：《中国人口城镇化的空间差异与影响因素》，《人口研究》2013 年第 2 期。
③ 郭凯明等：《城镇化过程中人口增长趋势转变与人口政策》，《金融研究》2016 年第 4 期。
④ 雷潇雨：《基于土地出让的工业化与城镇化》，《管理世界》2014 年第 9 期。
⑤ 范剑勇等：《居住模式与中国城镇化——基于土地供给视角的经验研究》，《中国社会科学》2015 年第 4 期。
⑥ 张车伟等：《中国城镇化格局变动与人口合理分布》，《中国人口科学》2012 年第 6 期。
⑦ 屠爽爽等：《乡村发展与重构格局特征及振兴路径——以广西为例》，《地理学报》2020 年第 2 期。
⑧ 徐维祥等：《乡村振兴与新型城镇化耦合协调的动态演进及其驱动机制》，《自然资源学报》2020 年第 9 期。

第二章
文献综述、理论与实践基础

乡共治模式。① 依据刘守英②、叶兴庆③、张军④、刘彦随⑤、苏小庆⑥、熊小林⑦等研究，城市偏向政策是造成中国农业农村发展滞后的主要原因，新型城镇化与乡村振兴战略联动是加快农业农村发展的内在要求。雷娜等通过面板格兰杰因果检验，研究乡村振兴和新型城镇化两者存在的因果关系，同时分析关系的强弱程度；结论表明在三年或者更短暂的时间内，乡村振兴和新型城镇化两者存在单向因果关联；在四年或更长久的时间内，两者存在彼此作用与双向因果关联。⑧ 刘晓雯等认为，激发乡村振兴主体性内生动力要体现农民的发展需求、权利需求和保障需求上，其主要激发路径包括主体自我能力发展与客体系统性扶持引导相结合，将农村人口的内生性需求纳入自我发展能力建设中。⑨ 冯丹萌从国际视角探讨新型城镇化与乡村振兴的协调发展思路和路径，对美国、欧洲和日本三大发达地区有关城镇化与乡村发展关系的经验进行了总结梳理和对比，分析了中国现有阶段面临的一些结构性问题以及融合发展"瓶颈"。⑩ 依据王磊、孙君⑪等研究，在以美丽乡村建设为内涵的乡村

---

① 叶超等：《迈向城乡融合：新型城镇化与乡村振兴结合研究的关键与趋势》，《地理科学》2020年第4期。
② 刘守英：《乡村振兴战略是对重农业轻乡村的矫正》，《农村工作通讯》2017年第21期。
③ 叶兴庆：《新时代中国乡村振兴战略论纲》，《改革》2018年第1期。
④ 张军：《乡村价值定位与乡村振兴》，《中国农村经济》2018年第1期。
⑤ 刘彦随：《中国新时代城乡融合与乡村振兴》，《地理学报》2018年第4期。
⑥ 苏小庆：《新型城镇化与乡村振兴联动：现实背景、理论逻辑与实现路径》，《天津社会科学》2020年第3期。
⑦ 熊小林：《聚焦乡村振兴战略 探究农业农村现代化方略——"乡村振兴战略研讨会"会议综述》，《中国农村经济》2018年第1期。
⑧ 雷娜等：《乡村振兴与新型城镇化关系的实证分析》，《统计与决策》2020年第11期。
⑨ 刘晓雯等：《乡村振兴主体性内生动力及其激发路径的研究》，《干旱区资源与环境》2020年第8期。
⑩ 冯丹萌：《国际视角下协调推进新型城镇化与乡村振兴的思考》，《城市发展研究》2020年第8期。
⑪ 转引自范剑勇等《居住模式与中国城镇化——基于土地供给视角的经验研究》，《中国社会科学》2015年第4期。

发展道路上，做了如下三方面的探索：一是建立内置金融；二是推动村庄治理结构转变；三是村容貌改善。

2. 国外方面研究

德国的乡村振兴建设和城乡等值发展过程中，就体现了政府、市场和社会的相互协作。村民积极主动地参与发挥重要的决定性作用，村民经由平等地协商，拉近社区政府、专业协会及机构、村民间的距离，增强彼此的沟通与互动，使村民参与的积极主动性提高。① 法国在投资农业时对使用效率加以强调，激励并引导其他投资主体的广泛参与，建立经济社会发展基金，对农业投资进行激励。② 由2007年开始，25国新欧盟施行《2007—2013年发展农村政策》。欧盟以发展农村新政策为基础推行改革措施：第一，改革管理体制，限定农村全部建设项目需采取"领导+"方式通过地方联合社会团体机构共同制定准则。第二，明确建设农村的基本目标，调节农业结构，使农业竞争性得以增强，对土地管理进行强化，从而使农村与环境得到改善，发展多元化的农村经济，切实提高农村生活质量。第三，加强财政体制的改革，建立欧洲农村农业基金会，统一管理资金的投入与审计环节。③

法国有效地整合土地，加强乡村居民的基础设施建设，同时切实提高公共服务质量，将既有的居民点改造成城镇。英国首先实行规划，之后政府进行补贴，有效地整合了农庄的土地资源，利用闲置的住宅，在政府的指导与组织下，有效地保护乡村的历史与自然环境，为居民点提供公共基础设施，使乡村得到健康良性的发展。德国在整理土地方面对改进村庄的结构加以强调，尤其是以整理土地为基础，基于空间层面对土地结构加以妥善规划，为农业现代化奠定基础。政府的财政补贴主要用于规划和规划咨询，改善村庄内

---

① 常江等：《德国村庄更新及其对我国新农村建设的借鉴意义》，《建筑学报》2006年第11期。
② 周建华等：《法国农村改革对我国新农村建设的启示》，《求索》2007年第3期。
③ 张驰等：《荷兰乡村地区规划演变历程与启示》，《国际城市规划》2016年第1期。

第二章
文献综述、理论与实践基础

部交通条件，改善村庄卫生条件和村庄的公共场所，建设村庄公共设施以推进村庄的文化，保护和恢复社区建筑文化遗产，重新整理和使用空闲建筑和场地等。

梳理影响城镇化效应的文献资料表明现阶段我国影响城镇化效应的主要研究内涵覆盖社会与人口和经济及土地等诸多层面；国外影响城镇化效应的主要研究覆盖社会生活、生态、健康等层面；研究影响城镇化效应的大多数内容均基于人口城镇化的信息与数据，没有融合其他类型的城镇化及综合性质量，于是缩减了研究影响城镇化效应内容的准确系统性。从本部分梳理了城镇化过程中乡村振兴中国乡村的发展经验，由此可以发现，中国乡村建设已经开始取得新突破。这种突破重点体现在通过产业融合发展，提高村民收入上。但在城乡融合与四化同步方面，目前国内的探索还在艰难推进。因此，我们有必要"以史为鉴，以邻为鉴"，分析和学习国际上的发展中国家和地区在这方面的重要经验，吸取它们的教训，尤其是亚洲国家和地区的经验和教训，为推进中国乡村振兴提供宝贵参考。

二 关于就地城镇化的相关研究

文献资料表明，我国研究者研究就地城镇化的内容集中于以下层面：第一，通过案例分析就地城镇化的内容与特点和意义以及含义；第二，探究就地城镇化过程中对城乡关系、其他社会经济发展、乡村发展过程的影响机制；第三，研究就地城镇化发展的动力机制，分析影响就地城镇化的社会经济要素。

（一）就地城镇化的内涵

从改革开放迄今为止，我国城镇化作为最重要的经济社会现象，得到诸多研究者的高度重视，地理学、人类学、经济学、社会学、城乡规划学等诸多学科有效地概括了城镇化的定义。城镇化将由乡村至城镇转化的复杂过程体现出来，转型涵盖四种类型，即经济结构和人口结构与生活模式以及地域空间四种。[1]基于城乡二元结构

---

[1] 许学强等：《城市地理学》，高等教育出版社2009年版，第58页。

的时代背景,就地城镇化这一概念应运而生,对乡村人口集聚或移转至城镇过程予以强调。以研究中国本土城镇化的内容、国际总体城镇化发展的态势为基础,认知到城乡界限已不再清晰,逐步拓展了城镇化的内涵。可将城镇化过程概括成城镇要素集聚于某地理单元,同时推动其他社会要素变化的整体过程。城镇和乡村是居民点的重要类型,表现出城镇要素不同程度的积聚。城镇化意味着一部分要素突破阈值,推动由乡村型居民点实现至城镇型转化的整体过程。

诸多研究者以发展中国家为研究对象,分析多年来城镇化发展所带来的问题,因此产生了就地城镇化概念。朱宇(2000)指出,为了使发展中国家的高密度人口区域得到健康快速发展,需采取一种新型的城镇化模式,他将其称为"in-situ urbanization"。杨世松指出,就地城镇化指的是乡村人口不再迁移至城市地区,还是居住在以往的居住地中,有效地调节产业结构,在技术与基础设施上加强建设,优化居住空间环境,过上城市人一样的生活[①];马庆斌指出就地城镇化指的是农民基于原住地的特定空间的半径中,以小城镇及中心村为依托,就近就地实现市民化的整体过程。朱宇把就地城镇化当作特殊的城镇化模式,即乡村的人口没有进行大规模地转移及重组空间,便转化成城镇与准城镇类型的整体过程[②];张万录等指出乡村就地城镇化意味着乡村人口不离开既有的居住地或周边地区,通过加强现代化设施的建设,转变乡村的生产生活模式,使农民的收入与城市居民的收入水平接近。[③] 研究者在有效界定就地城镇化概念的时候,集中于"就地"及"城镇化"的层面加以诠释,"城镇化"对人口城镇化予以强调,指的是乡村的人口在实现就业、获取收入、享有公共服务等层面与城市的标准相符合;"就

---

① 杨世松:《探索新农村"就地城市化"之路》,《理论与现代化》2007年第4期。
② 马庆斌:《就地城镇化值得研究与推广》,《宏观经济管理》2011年第11期。
③ 张万录等:《农村就地城市化中居住隔离的应对策略》,《规划师》2010年第2期。

第二章
文献综述、理论与实践基础

地"意味着乡村的人口不再向距离远的地方迁移,即不扩大迁移的范畴。就地城镇化指的是人口基于户籍所在地在就业上实现非农化且在生活上实现市民化的整体过程。

(二) 基于地方性实践的视角研究就地城镇化的内容

我国地大物博,各地区发展不均衡,在发展的脉络与地理环境以及经济情况方面均存在差异,致使在发展就地城镇化方面呈现出多元化态势,因此各地区在发展时尽可能地做到因地制宜。从地理区位的角度来看,目前就地城镇化的实践研究对象主要是东部地区,集中在浙、闽、粤、苏等沿海经济发达省份,针对中西部地区在近几年也逐步开展研究与实践。朱宇最早关注就地城镇化的现象且致力于相应的研究,2000年首次提出在我国的晋江地区等高密度人口地区存在新城镇化模式,将其定义成"城镇化发展"。[1] 吴梅华分析晋江市就地城镇化的特点,论述其产业集聚与发展的专业化、流动人口流向及分布等情况,指出公共政策、交通物流、产业等各种类型的经济、文化、社会要素对晋江发挥的重要作用。[2] 吴春飞等实地调研晋江市与石狮市等具有代表性的"城中村",指出发展就地城镇化时存在诸多实际问题,诸如利用土地存在失控现象、房屋的空置率居高不下、很难协调利益关系等。[3] 游中敏指出厦门市以发展就地城镇化为契机,优化城乡的产业结构,使居民居住的环境得到改善,最终使城市文明广泛地融合渗透至乡村。[4]

浙江省作为实现乡村工业化具有代表性的城市,在温州与义乌的乡村中农民自主创业为经济的发展提供主体驱动力,由下至上发展的模式使乡村剩余劳动力的非农就业等问题得到有效解决,同时

---

[1] Zhu, Y., "In situ Urbanization in Rural China: Case Studies from Fujian Province", *Development and Change*, Vol. 31, No. 2, 2002, pp. 413-434.

[2] 吴梅华:《晋江市就地城镇化研究》,硕士学位论文,福建师范大学,2006年。

[3] 吴春飞等:《就地城镇化地区的城中村研究——基于福建晋江、石狮市8个典型城中村的实证分析》,《城市发展研究》2014年第6期。

[4] 游中敏:《厦门农村就地城市化问题研究》,硕士学位论文,厦门大学,2009年。

◇ 中部地区就地城镇化与产业发展研究

使产业结构得以充分调整。① 便捷而多元的流通要素渠道产生"压缩时空"的成效,推动城乡产业的渗透及融合,促进公共服务向乡村进驻。② 中山市的中小型企业数量较多,呈现出繁荣景象,处在珠三角地区,与香港及澳门特区临近,作为著名侨乡,外商外资为就地城镇化的发展提供最初的驱动力,促进产业升级步伐。苏南地区就地城镇化过去对乡村的集体经济存在强烈的依赖性,之后在发展时发挥县城的核心作用,使区域中的大中小型城市得到协同性发展。③ 就地城镇化是复兴乡村的主体渠道,也成为提高城镇质量的重要策略。

我国地区发展在政策支持下日趋平衡,同时产业梯度快速转移,使中西部经济得到健康发展,为发展就地城镇化提供优质环境。宣超等研究河南省各地区发展就地城镇化的类型与模式,指出发展产业为就地城镇化奠定基础,有效地协调利益关系为就地城镇化的持续发展提供有力保障。④ 西部等经济欠发达地区地形地貌复杂,自然条件环境有限、乡村人口素质有待于提高、既有的城市在承载与容纳人口方面的能力有待于提高,于是就地城镇化成为振兴乡村的主要途径。⑤ 西部与东部地区就地城镇化的起步时期存在差异,政策驱动是中西部地区(含东北)就地城镇化的主要驱动力。由中央至省市等层级的政府,均制定了新型城镇化及建设新农村试点村等政策,为发展与振兴乡村在政策上提供有力保障,在财政上加以支

---

① 何燕丽等:《义乌农民就地城镇化的实践及启示》,《规划师》2015年第2期。

② 荆琦:《农村就地城镇化的问题及对策研究》,硕士学位论文,温州大学,2015年。

③ 崔曙平等:《苏南就地城镇化模式的启示与思考》,《城市发展研究》2013年第10期。

④ 宣超等:《"后危机时代"农村就地城镇化模式分析——以河南省为例》,《经济问题探索》2014年第1期。

⑤ 吴碧波等:《乡村振兴战略背景下西部地区农村就地城镇化的模式选择》,《广西民族研究》2018年第2期。

撑，形成具有可行性的战略发展架构。①

各区域的就地城镇化在选取产业上日趋多元化，特别是旅游休闲、电商等新兴产业得以兴起与发展。浙、鲁等省域乡村互联网技术水平不断提高，持续提升融入的速度使交易的费用得到大幅度缩减，乡村开始突破处于劣势地位的区位条件及较弱工业基础的局限与约束，并在全球化的分工系统内占据重要的环节，在空间上呈现出就地化的局面。② 一些山区的乡村不能在工业领域实现规模化聚集，致使其经济较为落后。于是发展旅游业成为新增长点，推动加强了社区及基础设施建设。③

不仅东部沿海经济发达区域施行就地城镇化模式，东北、西部、中部各区域同样将就地城镇化当作发展城镇化的主要途径。研究者通过具有代表性的案例分析各区域发展就地城镇化的实际情况、表现出的特征以及相应的原因。整体来看调节产业结构为就地城镇化提供驱动力，成为至关重要的诱导性因素。以改变产业体系为契机，推进社会结构的调整、空间布局的优化，同时为加强基础设施建设奠定基础，进而循序渐进地实现就地城镇化目标。各种研究成果在认定就地城镇化空间平台方面的观点缺乏一致性，然而由乡村至小型城镇、最后到县域中心，都是以县域范畴当作迁移人口的主要边界。

（三）就地城镇化的动力机制

就地城镇化的过程需要依靠产业发展作为核心驱动力，特别是以工业、服务业为主的第二、第三产业的发展是就地城镇化的强大动力。当前研究就地城镇化与产业发展二者之间关系的文献尚少，多数学者对城镇化与产业发展的研究基于传统城镇化视角。关于城

---

① 车宇彤等：《就地城镇化中的新型农村社区建设——以长春市三个典型村为例》，《劳动保障世界》2017年第5期。
② 郭轩：《电子商务作用下的乡村就地城镇化研究》，硕士学位论文，南京大学，2016年。
③ 潘雨红等：《中国西南山区旅游村镇就地城镇化路径》，《规划师》2014年第4期。

镇化与产业结构调整之间的关系，最早能够追溯到经典产业结构论，代表理论为克拉克定律。① 其中，Kuznets 等早就指出，产业结构变迁引致的城镇化效率是由产业属性的差异引起的，而且消费结构也会通过产业结构作用于城镇化。② Chenery 等指出工业化及城镇化两者互动的关系，工业化促进产业结构的优化调整，带动了城镇化水平的不断上升。③ Dixon 在 Chenery 等分析的基础上，从城市系统创新的视角发现，产业结构和产业政策是城镇化过程初、中期阶段的主要动力。④ 诸多研究者指出调节产业结构推动工业化成为城镇化发展的基本驱动力，第三产业的发展成为推动城镇化迅速发展的主要动力。国内对以上问题的关注和研究起步较晚，起初也是在传统城镇化的层面上对我国整体及典型区域展开了研究，从就业结构、城乡差距、科技创新、经济增长等维度分析了产业结构调整对城镇化发展的影响效应。⑤⑥⑦ 近年来也针对就地城镇化等新型城镇化模式逐步展开了相关研究，例如焦晓云指出，通过实现农业现代化可促进就地城镇化，通过农业现代化可提高第一产业发展质量，促进工业化，使产业的发展层次得到提高。⑧ 黄祖辉的观点表明，生产性服务业、绿色及高新技术产业的发展可加快新型城镇

---

① Clark, C., *The Conditions of Economic Progress*, London: Macmillan Progress, 1940, p. 23.

② Kuznets, S., et al., *Modern Economic Growth: Rate, Structure, and Spread*, New Haven: Yale University Press, 1966, p. 203.

③ Chenery, H., et al., *Industrialization and Growth*, New York: Oxford University Press, 1986, p. 167.

④ Dixon, R., *Industrial Structure*, London: Australian Economic Growth, 1989, pp. 81 - 100.

⑤ 陆铭等：《城市化、城市倾向的经济政策与城乡收入差距》，《经济研究》2004 年第 6 期。

⑥ 中国经济增长与宏观稳定课题组：《城市化、产业效率与经济增长》，《经济研究》2009 年第 10 期。

⑦ 于斌斌等：《产业结构调整与生产率提升的经济增长效应——基于中国城市动态空间面板模型的分析》，《中国工业经济》2015 年第 12 期。

⑧ 焦晓云：《新型城镇化进程中农村就地城镇化的困境、重点与对策探析——"城市病"治理的另一种思路》，《城市发展研究》2015 年第 1 期。

化，同时推动经济结构的转型。① 一些研究集中在城镇化对产业结构的影响，大部分研究者指出，城镇化将推动产业结构升级，少部分研究者指出城镇化对产业结构升级具有负面影响，发展中国家城镇化率达到特定水平以后，产业分工即处在高级阶段，需对"三高"（高能耗、高排放以及高污染）产业予以高度重视，发展中国家在经济增长的过程中采取粗放型模式推进工业化，成为经济发达国家的污染场所，为优化转型产业结构造成阻碍②；同时将集聚制造业作为中心，降低了创新水平，很难促进新兴产业发展，还有可能畸形化第三产业。③④

经由文献资料的梳理可知，产业结构调整的城镇化效应主要遵循两种路径：一方面，主导产业在三次产业的演替表现为产业结构的"二产化"到"三产化"，引致了城镇化由初级阶段向高级阶段跃迁；另一方面，主导性产业内部调节及结构升级，使产业链快速拓展，同时通过增值价值链在产业内部形成了制造业"服务化"和服务业"制造化"的新发展趋势，从而推动工业化和城镇化进入"产城融合"的新阶段。

(四) 就地城镇化背景下的人口迁移机制

就地城镇化发挥人口城镇化的核心作用，发展就地城镇化的过程涵盖城乡间迁移人口的过程。乡村居民进行迁移的意愿作为重要的因素，决定着人口城镇化采取异地或就地模式。我国研究者采取问卷调查法分析人口的迁移意愿，研究各种类型社会经济要素存在

---

① 黄祖辉：《准确把握中国乡村振兴战略》，《中国农村经济》2018年第4期。
② An, H., et al., "The Role of Technology Innovation and People's Connectivity in Testing Environmental Kuznets Curve and Pollution Heaven Hypotheses Across the Belt and Road Host Countries: New Evidence from Method of Moments Quantile Regression", *Environmental Science and Pollution Research*, Vol. 17, 2020, pp. 1–17.
③ Lin, B., et al., "Does China Become the 'Pollution Heaven' in South-South Trade? Evidence from Sino-Russian Trade", *The Science of the Total Environment*, Vol. 5, 2019, pp. 964–974.
④ 江三良等：《产业集聚是否导致"污染天堂"——基于全国239个地级市的数据分析》，《产经评论》2020年第11期。

的影响与发挥的重要作用。村民个体的性质表明,年龄显著地影响城乡间短时间的流动情况,村民的年龄越大,越存在对就地城镇化的倾向性。性别同样显著地影响着城乡间短时间的流动情况,在年龄及受教育程度相近的条件下,男性更情愿居住生活于家乡地区[1][2];基于诸多外部因素,婚姻情况、学历没有显著地影响就地城镇化的意向,村民不再将转化户籍类型作为就地城镇化需要考虑的因素,而是重视补偿利益等问题,诸如针对农地经营权、流转宅基地权等方面的经济补偿。[3] 目前村民所关注的焦点内容涵盖社保医疗、子女教育等关系到国计民生的问题,同时希望得到社会的认同,满足精神文化方面的需求,乡村人口城镇化取决于村民高层次的需求能否得到满足。[4] 现有的研究成果表明,各区域及各发展时期的人口迁移机制存在相应的差异。李云等以福建及海南21个村落为研究对象,采取问卷调查法进行对比与分析,结论显示村民的经济条件越差,越存在迁移到城镇的意愿,其中迁移到城镇意向最强烈的主要是以农耕生产作为经济来源的村民。[5] 在非农产业发挥主导性作用的地区,村民就地城镇化的意愿更为强烈;若整体区域的城镇化水平比较高,村民就地城镇化的意愿相对较弱。

以研究就地城镇化影响的多元要素为基础,与人口迁移具有代表性的理论架构相结合,祁新华等[6]、邱世鑫等[7]构建人口新迁移模

---

[1] 宋艳姣:《中国农民工返乡决策与就地城镇化路径探析》,《兰州学刊》2017年第2期。

[2] 吴巍等:《城乡一体化视角下农民就地城镇化影响因素研究——以南昌市边缘区为例》,《城市发展研究》2017年第8期。

[3] 黄文秀等:《农户"就地城镇化"选择的影响因素研究——以嘉兴市海盐县为例》,《浙江社会科学》2015年第1期。

[4] 王亚春:《江苏省就地城镇化及其影响因素分析》,硕士学位论文,南京财经大学,2017年。

[5] 李云等:《江苏省就地城镇化及其影响因素分析》,《规划师》2017年第6期。

[6] 祁新华等:《乡村劳动力迁移的"双拉力"模型及其就地城镇化效应——基于中国东南沿海三个地区的实证研究》,《地理科学》2012年第1期。

[7] 邱世鑫等:《村居双拉力模型:中原纯农区就地城镇化动力机制研究——以PZ社区为例》,《江西农业学报》2016年第4期。

型，类似于"推—拉"传统模型，假设乡村人口均为理性经济人，在选取区位方面将能否实现个人利益最大化的目标作为有效衡量的具体标准。以往乡村存在的推力实现至拉力的转化，表现于就业率和社保医疗与收入以及乡土情结等层面。城镇在子女教育及就业岗位与收入等方面存在优势，除此之外，居住环境与社会认同产生了反向推力。在城镇及乡村彼此推拉的过程中，村民迁移的方向有所变化，例如近些年又掀起了"返乡潮"，回流农民工等现象屡见不鲜。[1][2] 苗丝雨等的研究结果表明，流动人口呈现亲富人的心理健康不平等现象，长距离流动的流动人口平均心理健康相对较差，并会拉大心理健康不平等现象。就地城镇化将为提升城镇化的质量和减少流动人口心理健康不平等程度提供便利条件。[3] 回流农民工返回至户籍所在地时，在选取居住区位方面循序渐进地由以乡村为主到以县中心区域为主的转化，中心镇等乡镇对农民工回流的吸引力逐步降低。[4]

（五）就地城镇化的影响作用

就地域镇化包括转变经济结构及调节城乡关系两个层面的内容，深层次地影响着乡村村民的收入和生活质量。对比异地城镇化的途径，就地城镇化显著地正向促进村民收入的提高。庞新军构建时空参数状态模型，以1995—2015年村民家庭人均纯收入为研究对象，分析就地城镇化及异地城镇化与村民收入之间的关系。研究发现，1995—2000年，就地城镇化推动收入增加的程度经由短时间的降低

---

[1] 胡枫等：《农民工回流的选择性与非农就业：来自湖北的证据》，《人口学刊》2013年第2期。

[2] 高更和等：《省际流动农民工回流区位及影响因素——以河南省12个村为例》，《经济地理》2017年第6期。

[3] 苗丝雨等：《就地城镇化能否缓解流动人口的健康不平等研究——基于2014年全国流动人口调查数据》，《城市发展研究》2021年第2期。

[4] 张甜等：《就地城镇化背景下回流农民工居住区位选择——以河南省永城市为例》，《经济地理》2017年第4期。

之后逐渐提高，2000年之后存在平稳的趋向性。① 对比于异地城镇化，从2000年开始的就地城镇化促进村民收入增加的程度显著提高，快速地增加村民的经营性收入且缩小了生活成本，从而增加了纯收入；其原因包括村民提高了自主创业的热情，并有了微小型企业主体的身份。张祥俊以构建时空分析模型为基础研究我国31个省（市、区）的数据，研究表明地城镇化显著地影响着创业的成效，且和异地城镇化在影响上存在差异。② 同样地，就地城镇化还影响村民生活的方式，村民不仅增加收入，生活方式及产业结构均产生翻天覆地的改变③，原因是就地城镇化促进基础设施及空间建设，夯实乡村物质的基础；引导性政策具有极强的权威性与主动性，在政策上形成推力，使乡村现代生活的理念得以推广与施行。但在转变生活的过程中蕴含现代性及传统乡村两者的矛盾，在就地城镇化过程中所延续的熟人网络与乡村文化和城镇化生活不易彻底融合渗透。同时村民存在居住隔离等现象，已逐步变成城镇化的"痛点"。以就地城镇化的施行为契机，村民快速进入城市，在表面形式上转变身份，但仅将城乡间的差异转化成村民的居住隔离，将安置的小区变成处于城镇内部的"乡村"，居民很难与社会主流群体相融合。④ 就地城镇化过程中需对社会治理体系的创新及改革予以强调，以群众的多元需求为导向，发挥政府的协调与引导作用，完善乡村社区平台，引领村民实现共建及共享，最终走向共同富裕。⑤

---

① 庞新军：《传统城镇化与就地城镇化对农民收入的影响研究：基于时变分析的视角》，《中国软科学》2017年第9期。
② 张祥俊：《人口城镇化及其异质性对创业的影响研究》，《技术经济与管理研究》2018年第3期。
③ 赵定东等：《政策推力、乡愁抑或城市性缺场——就地城镇化中农民生活方式变革影响因素分析》，《社会科学战线》2017年第4期。
④ 张万录等：《农村就地城市化中居住隔离的应对策略》，《规划师》2010年第2期。
⑤ 赵定东：《就地城镇化理念下的村改居社区治理创新——以浙江省探索经验为例》，《北华大学学报》（社会科学版）2018年第3期。

(六) 新型城镇化的模式与政策研究

1. 新型城镇化模式研究

模式相当于特殊的指引方式，是公众针对日常工作与生活的概括及抽象的归纳，在实现新型城镇化的途径中存在重大的方法论意义。我国人口多，经济发展存在极大的不平衡性，建设现代化与工业化的任务繁重，城镇化尤其是新型城镇化需运用多元模式，肯定与认可与实际情况相符、使公众在生活方面需求得到满足的城镇化模式。一些研究者指出，可将我国新型城镇化模式划分成以下类型：第一，将京、沪、穗作为中心的都市群；第二，将省会作为中心的次级性城市群；第三，将县城作为中心的就地城镇化；上述将协同促进与发展，成为建设新型城镇化的特色。① 辜胜阻等以流动经济要素为出发点，指出城镇化模式的表现形式是东部经济发达地区人口异地转移、中西部产业基础薄弱区域人口就地转移，也就是说，主体方向是"双重城镇化"②，和厉以宁研究中结合新老城区的农民就地城镇化模式存在一致性。③ 李强等以建设城镇化形成的拓展空间为基础，把城镇化划分成七种类型，分别是构建开发区、建设新城及新区、扩展城市、改造旧城、建设商务区、乡镇产业化及村庄产业化。④ 部分研究者基于动力机制的视角把推动城镇化模式划分成以下类型：第一，在计划经济体制的作用下，由上至下城镇化；第二，在市场经济体制的作用下，由下至上城镇化；第三，政府主导型，发挥财富的导向性作用；第四，发挥财富共享及实现共同富裕目标为导向作用的村民自主型的城镇化。⑤ 以调查各地区个案为基础，把城镇化划分成各种类型加以归纳和提炼，体现不同地

---

① 郑新立：《探索新型城镇化的多元模式》，《经济日报》2013年1月8日第3版。
② 辜胜阻等：《中国特色城镇化道路研究》，《中国人口·资源与环境》2009年第1期。
③ 厉以宁：《中国应走农民"就地城镇化"道路》，《光明日报》2013年10月18日第6版。
④ 李强等：《中国城镇化"推进模式"研究》，《中国社会科学》2012年第7期。
⑤ 蔡继明等：《政府主导型与农民自主型城市化模式比较》，《经济学动态》2012年第5期。

理及经济环境下所产生的多元城镇化的模式。

2. 新型城镇化政策的研究

王华华指出，基于供需共振视域，政府在发展新型城镇化时需优化运用人才机制，培育市场结构性有效需求，优化产业转型与升级的布局，需将创新电子政务当作联结市场供需两端的公共服务平台，保障市场供需的动态平衡性。[①] 周柏春等指出，发展新型城镇化时，公共政策价值极不清晰、政策主体存在私有利益、农民的素质有待于提高、政策缺失统筹性等问题长期存在，需优化公共政策，将其凝结政策价值，约束施行政策主体在权力上的界限，切实提高农民素质，增强新型城镇化在政策方面的协同性。[②] 王伟同全面系统地论证与梳理以下逻辑：第一，民生逻辑，即政策后隐藏的"均等化"及"一体化"，最终实现市民化与非农化的目标；第二，经济逻辑，目前老龄化严重，需以城镇化为发力点，妥善解决相关问题；第三，改革逻辑，即要许可，同时也要加以约束，既要融合，同时也要予以分治；以上逻辑分析体现了人口城镇化是我国经济得以发展及深化改革的突破口。[③]

三 文献评述

通过以上梳理的一些文献可以看到大多数的研究还是围绕着传统意义上的迁徙城镇化模式展开，然而现阶段"大城市病"盛行，同时存在城市"边缘人"及乡村"留守儿童"等问题，导致传统的城镇化模式很难继续下去，同时难以解决城乡收入差距的相关问题，不能将希望寄托在农民迁移至大城市方面。当城市发展到一定阶段时，城市所提供的承载能力有限，应当找到其他途径来拓展剩余人口的发展。早在20世纪90年代中期，小城镇发展的相关理论

[①] 王华华：《供需共振视阈下地方政府新型城镇化政策创新研究》，《求实》2016年第11期。

[②] 周柏春等：《新型城镇化进程中的公共政策改进——以社会公平为视角》，《广西社会科学》2016年第6期。

[③] 王伟同：《农业转移人口市民化的政策逻辑——基于民生、经济与改革的视角》，《财政研究》2015年第5期。

第二章
文献综述、理论与实践基础

就发现应适度地集中小城镇将有利于小城镇发展①；同时，小城镇具有"离土不离乡，进厂不进城"的特征。②由于传统的城镇化主要是通过农民到异地的城镇或发达区域生活与生产实现，不能保障传统城镇化实行的质量③，同时施行传统城镇化衍生出各类问题，因此就地城镇化这类新型城镇化模式应运而生，与传统城镇化存在本质上的差异，指的是农民在既有的原住地农村中生活，经济发展至一定程度之后，不盲目地迁移至周边城镇或经济发达区域，同时将所生活的农村区域发挥小城镇或中心村的核心作用，改变既有传统农村生活生产模式。

以上研究及一些著名学者的相关贡献对推动我国城镇化的进程，对指引城市经济建设将产生理论方面的重大意义，但同时存在可完善和扩展的空间。

首先，上述文献关于就地城镇化的研究较少，尤其是对就地城镇化的实证研究，就地城镇化发展过程的机理的研究更为少之。现有研究主要是集中在对城镇化的内涵界定、城镇化协调性的研究、城镇化发展的质量研究、城镇化对经济社会人口影响的研究等方面。其次，以上研究对人口规模影响城镇化模式过分强调。虽然人口规模是重要的城市特征，但也不能对城市特点进行全面概括。最后，关于城镇化的研究范围主要集中在东部沿海等发达省份，针对中西部欠发达地区展开的研究较少。本书尽可能地准确刻画就地城镇化的内涵并有效测算就地城镇化的水平，着力于从实证分析的角度探究中部地区就地城镇化对城乡收入差距的影响及中部地区就地城镇化的发展机理与路径。

---

① 费孝通：《论中国小城镇的发展》，《中国农村经济》1996年第3期。
② 赵新平等：《改革以来中国城市化道路及城市化理论研究述评》，《中国社会科学》2002年第2期。
③ 陈轶等：《大城市边缘区居村农民就地城镇化意愿影响因素——以南京江北新区为例》，《地域研究与开发》2018年第6期。

第二节 相关理论基础

一 马克思主义城镇化理论

马克思主义思想主要内容涵盖"城乡融合"概念，以承袭与批判前人研究成果为基础，立足于时代的实际状况，指出城乡需经由一体、到分离、至对立、最后到融合的途径前进。莫尔、傅立叶、圣西门等城乡关系理论为马克思理论提供重要借鉴。

（一）城乡分立是必然结果

马克思指出，基于城乡关系的冲突，将以社会分工为最基本的驱动力，同时成为现代城市的形成发展的催化剂；彼此生产力得到相应程度的发展，农业与工业产业使分工得到深化，农业人口逐步转移至非农且使城市规模得以拓展；在社会运作的过程中，城乡实现了彼此对立且相互融合；对立则表明一系列迫使个人服从分工的行为活动。城乡分离需发展生产力且推进分工，促进文明社会的产生；城乡对立与分离导致阶级矛盾深化，导致人形成畸形而不全面地发展与成长。

（二）城乡融合是未来趋势

城乡融合指城乡融合成一体并且协同发展；对立则属历史问题，存在消除的可能性，某些人需约束与剥夺他人方可满足的现象必将终止，城乡关系将由对立转化为融合，最后使所有成员实现自由全方位的发展。城乡对立源头是私有制的产生与促进，倡导将公有制对私有制予以取而代之。基于生产关系层面需对阶级对立进行消除，从而实现城乡融合的目标。马克思高度认同城镇所发挥的先导性作用，城市标识着发展进程中的现代化文明，同时也是承载先进生产力平台，城镇化为城乡融合提供有力保障。

（三）农村剩余劳动力的转移

农村地区的劳动力转移现象得到全球各个国家的广泛关注，最早的时候在《资本论》中发现劳动力转移概念的萌芽,为之后研究者的发展与承袭提供理论方面的参考。积累资本为转移农业劳动力提供基本的内驱力,农村由于在大地主占有制的作用下集中土地资源,于是致使剩余劳动力向城市进行转移且担当工人的角色。机器在农业领域中得到广泛的运用,深层次地促进农业劳动力的"过剩";通过运用机器对劳动力进行取而代之,农业生产缩减了总体上的劳动力需求。社会经济的发展能力使转移劳动力的途径与规模受到相应的影响。

(四)城镇化道路的多元性

第一,提高农村生产力及农业生产率,目前农业生产的剩余劳动力不断增多,可向城镇化转移人力资本,促进社会分工发展且优化城乡结构;第二,农村发展工业化,为集聚城镇人口提供引擎、聚集非农产业,同时积累成熟的管理者及劳动力;第三,商品经济将得到快速发展。城市工业脱离农业,将使商品得以衍生出来,商业对城市产生强烈的依赖性,城市将商业作为基础。以人类的实践为基础,统一社会发展及自然进化两者间的关系,人类经由实践和自然构建实践关系,本质上意味着人化自然关系的概念,最终必将转化成生态型。

二 产业结构理论

(一)产业演变相关理论

费希尔率先提出三次产业划分类别的方法,为发展产业结构演变理论奠定基础;威廉·配第指出三次产业间的收入差异显著,在经济发展的过程中,三次产业劳动收入将由少至多、呈现出循序渐进递增的态势。科林·克拉克的配第—克拉克定理指出在增加收入的驱动下,劳动力将基于三次产业间从低转移至高,即首先由第一产业向第二产业流动,再由第一、第二产业向第三产业流动;社会经济发展的水平越高,上述规律则越显著。

库兹涅茨(1999)提出库兹涅茨法则,即产业演变论;他细致考察了各个国家历史资料与相关数据且加以统计研究,对配第—克拉克所提出的三次产业转移劳动力规律加以验证；提出比较劳动生产率原理，同时获取下列结论：以增加国民收入为前提，相对第二、第三产业的劳动生产率，第一产业将降低；各产业以所占比重为基础，产生结构性改变，特别是服务业将获取最高比重，可具备最大的劳动力就业规模；上述法则完整系统地揭示出产业结构演化的流程，从而深层次地认知产业结构的内容；上述结论在理论层面产生深远的意义，然而结论均是以历史数据经验为依据经由统计而获取出来的，具有归纳总结性特点，无法获取三次产业间内在的彼此关系及关联性机制。里昂惕夫构建投入产出法，专业化地研究产业结构演变的内容；钱纳里以此方法为基础，参考计量经济学领域的模型，实时动态地研究有关产业结构演变方面的内容，构建了标准的产业结构演变的进程，使理论对实践操作发挥重要的导向性作用。

（二）工业化进程相关理论

工业革命促进资本主义社会生产力的发展，随着现代经济学得以循序渐进地产生与发展，工业化进程方面的理论内容也较为丰富与健全。霍夫曼指出工业化发展重心由以往的轻工业将转移至重工业，以往主要生产消费性资料，当前要将消费性资料转化成资本资料，二者净产值比称作霍夫曼比例。

虽然上述结论具备创新性的深远意义，然而较为粗糙与简单，其他学者不断改进与拓展此理论的内容。盆谷佑一对霍夫曼定理进行验证且指出霍夫曼定理在重工业化时期是成立的；待经济发展至相应的水平，基于产业结构趋向于稳定的时期，也就是说，在不改变生产消费资料和资本资料的比例关系的情况下，重工业化率还是会循序渐进地提高的。

钱纳里以配第等产业演变的理论为基础，将多国的标准产业结构形式构建出来，深层次地研究有关工业化进程方面的内容；把工业机构划分成早期（涵盖食品及纺织等）、中期（涵盖橡胶、加工木材等）、后期（电子、机械等）；并指出在早期工业中，劳动密集型占主导地位且其主要特点是生产轻工业产品；在中后期工业中，占据主导位置的是重工业；同时将发展重工业划分成以下时期，前期占据主导位置的是资本密集型，主要特点是生产原材料；后期占据主导位置的是技术密集型，主要特点是加工产品，标志着后工业化时期的开启。以上工业化实现后，经济的增长速度放缓且降低。钱纳里等深层次地研究工业化进程理论，将工业进程演化规律充分地体现出来。

（二）主导行业和服务业发展理论

产业结构理论涵盖的内容是演变、工业化进程概念、演变进程中的行业，特别是主导行业等。罗斯托指出以更替的主导行业特点为依据，将演变划分成以下阶段：第一，传统阶段；第二，起飞前提阶段（食品饮料等）；第三，起飞阶段（纺织等消费品）；第四，成熟阶段（电力、钢铁机械、煤炭、肥料等重型机构）；第五，高额度群众消费阶段（建筑、汽车等机构）；第六，追逐生活质量阶段。

目前服务业所占有的比例日益提高，同时提高了在国民经济中占据的位置。在服务业领域，知识及信息产业在发展第三产业时期已发挥主导作用。基于生产资料机构的视角，物质生产机构所占的比例提高，服务机构占据的比例迅猛地提高，特别是金融及IT和通信等领域、医疗与休闲娱乐等行业已在经济发展中占据主流的地位。第三产业内容不断得到丰富且形式日益多元化，持续提高创新水平，直接而深入地影响了传统工业与农业机构的运作。服务业的发展将在社会经济领域成为"龙头"，推动产业结构整体的演进和切实提升生产运营的效率。

三 发展经济学

人口流动理论是发展经济学领域中至关重要的内容，同时做出突出的贡献。1954年刘易斯构建流动人口模型，揭开研究人口流动内容的序幕，同时也掀起研究的狂潮；20世纪50—70年代曾风靡一时，目前对此研究更为重视，主要分析以往未牵涉的相关领域。

(一) 刘易斯理论

刘易斯以发展中国家为研究对象,采取实地调查法进行研究,结论显示发展中国家的农村手工生产与城市资本主义生产这两个部门,属性是完全不同的;在《劳动力无限供给下的经济发展》中提出,假如无限度提供农村的剩余劳动力,同时实现从传统至现代化机构的转变,标志着二元经济结构论产生;并认为城市工业部门需提高积累资本的速度,有时要将农业的牺牲作为代价来推动一元化进程,然而却忽略了农业占据的地位与发挥的重要作用。费景汉等扩展"二元结构"研究,构建费景汉—拉尼斯模型,撰写《经济发展的一种理论》等论著。

(二) 舒尔茨的理论

农村剩余劳动力向城市转移即传统城市化表现的形式,使城乡二元结构得到循序渐进的消除,可将人口迁移论称作经典城市化理论。西奥多·舒尔茨批判刘易斯提出的农村剩余劳动力无限制供给模式及理论,认为其模型中的假定不成立,指出农业对于现代化贡献重要的力量。在发展中国家,传统而处于落后状态的农业还是占据了支配性地位,需要以增加投入的人力资本为基础,保障农业生产,并在1964年撰写《改造传统农业》;以农业生产率作为依据,将生产划分成下列时期:传统农业均衡、传统农业向现代农业过渡、现代农业非均衡,非均衡时期生产率极高且供给劳动力呈过剩状态。要将现代化的生产要素融入于传统农业领域,转变发展中国家采取牺牲农业方式来使工业得到发展,因此产生了二元经济领域的差距。

(三) 托达罗模型

发展中国家拥有较丰富的劳动力,然而显著缺乏资本,所以降低了劳动力的价格,但在工业领域,激励资本密集型体系得以构建与健全,缩减对劳动力的相应吸收;国家需要以要素稀缺性为出发点,对劳动密集型的发展进行激励。托达罗指出,对将扭曲要素价格进行消除予以激励,并于1971年提出"乡村—城市迁移劳动力"模型。劳动力的流动受到经济利益的影响，同时也涵盖诸多心理层面的因素；迁移劳动力的行为与决策由预计且非实质上的收入差异所决定；城市失业率高的原因是城乡经济面临着不均衡的机会。托达罗指出迁移成本及收益决定劳动力迁移情况。城市中也存在失业人口，各流动人口并不是均可找到适宜的岗位，然而收入在实质上的差距导致自始至终地存在农村和城市人口迁移的现象；托达罗提出有针对性的策略，尽量使城乡就业的机会不均衡程度相应降低。

（四）"推力—拉力"理论

研究人口迁移论时，以基本的人口因素为基础，探究城镇化的驱动力因素。1938年赫伯尔提出推力—拉力理论；D. J. Bogue（1969）改进以上理论，总结推力与拉力的因素分别是12个及6个。欧美国家的研究者指出迁移和距离负相关，把距离作为迁移的阻碍。高佩义提出城市引力场论，但无法合理诠释逆城市化概念。人口压力论由马尔萨斯引申并由索维在《人口通论》中提出；霍利斯·钱纳强调发展中国家与发达国家存在的差距，研究发展中国家的就业架构及特征，指出变动的态势中隐含农村城镇化的产业动力。1968年霍利提出迁移生态学理论，指出调节分布及规模的方式能够适应所破坏的平衡性，通过迁移使人口分布及数量得到平衡。霍利对思想意识及情感因素影响人口迁移的内容与程度加以忽略。芝加哥古典人类生态学理论以芝加哥为研究对象，分析影响城市人口分布的多重因素，提出了有效的土地利用模式。

四 空间经济学

（一）区位理论

区位理论最早地牵涉产生城镇与人口集聚等理论，涵盖的主要内容有：第一，农业区位论，杜能在《孤立国同农业与国民经济关系》中将农产品特征与其物流运输的成本支出相结合，率先基于理论的层面全面系统地论述空间摩擦影响经济活动的情况与程度。第二，工业区位论，韦伯在《工业区位论》中研究选取与布局工业区位方面的问题，对于最佳区位点加以论述。第三，城市区位论，克里斯托勒在《南部德国中心地原理》中把服务及商品特征划分成各档次，明确中心地基于中心地系统占据的地位与发挥的作用；1939年勒施在《经济空间秩序》中进一步研究有关选取城市区位方面的内容。沃尔特·艾萨德在《区位和空间经济学》中将空间看作经济学最核心的内容，指出可将厂商当作权衡生产与运输环节成本的整体流程。

（二）城市经济学

城市经济学采用经济研究法与经济学原理分析有关城市方面的问题，对空间要素影响城市发展予以高度重视，诸如基于城市领域使相应的层级产生。追根溯源，19世纪20年代便已开启研究城市规模与分布内容的序幕，首先研究土地区位及城市土地等内容，1909年韦伯提出工业区位论；40年代城市经济问题已逐步形成体系，涉及房地产、布局工业等内容。1959年胡佛《都市解析》的出版标志着城市经济学已变成新兴学科。范登堡所提出的城市发展阶段论极具影响力与说服力，指出城镇进程的各时期取决于经济社会发展情况与收入的水平以及经济架构等多重因素，以近代史中所改变的经济结构情况为依据，将城镇化划分成下列阶段：城镇化进程、城市郊区化、内城扩散与反城镇化。诺瑟姆统计各国人口城镇化的情况，提出全球城镇化呈现出初始、加速、成熟阶段等规律性特点，诺瑟姆把上述轨迹归纳成"S"形曲线理论。之后研究者对该理论加以改进与完善，使运用此理论的实际意义得以增强。霍华德将田园城市划分成城市和乡村部分，并提出田园城市论；伊利尔·沙里宁提出有机疏散论，研究城市发展与布局架构的内容。马世骏等指出可将城市的生态系统划分成社会与自然以及经济等亚系统，相互成为各自的环境，同时提出复合城市生态系统论；崔功豪实证研究长三角城市群，同时把城镇系统划分成以下结构类型：城市带、城市群、城市区。

第二章 文献综述、理论与实践基础

(三) 新经济地理学

新经济地理学深入地解读有关产业发展及劳动力流动方面的内容，使经济地理学含义得以丰富，通过劳动力要素流动等假设分析有关区域经济方面的问题，基于全球经济一体化的视野考察国家区域经济存在差异的相关问题，为制定产业发展及劳动力迁移政策提供理论依据。克鲁格曼1991年在《报酬递增与经济地理》中构建中心—外围模型；1995年出版的《发展与地理和经济理论》，标志着经济地理及空间经济学研究的复兴。2002年藤田昌久出版《地理经济学》、2003年鲍德温发表《经济地理与公共政策》等。约翰·弗里德曼将发展创新概念引入时空系统，同时提出核心—外围论，指出区域的发展意味着通过创新而最后汇集成规模宏大的创新体系循序渐进地集聚的流程；通常创新从变革中心从上至下、从内至外向周边进行拓展，空间系统中的其他区域即边缘区；核心即城市或相应的集聚区，边缘即受到核心区所影响。核心区基于边缘区吸收各种类型的生产运营要素，在材料与产品和技术以及体制等环节提高创新水平，之后向边缘区持续地拓展创新元素。然而，核心区以其他区位为依托，推行有利于自身的核心政策，促使边缘区的人口与资金以及劳动力趋于核心流动的态势得到相应地强化，但边缘区缺失创新，仅处在从属及依附的位置上。核心区和外围区联合起来通常能够促进空间结构产生变化，可将其划分成以下时期：前工业化时期、早期工业化时期、工业过渡成熟时期等。

(四) 增长极、集聚理论

增长极理论是发展经济学及区域经济学领域中至关重要的研究工具，1955年佩鲁在《略论"增长极"的概念》中提出增长极概念，指出目前实际的经济要素通常采取非均衡状态施行，经由特定渠道把增长点在经济方面的影响辐射给周边，之后通过布代维尔、缪尔达尔等研究者进行了改进与修正。增长极理论指出需向有一定潜力且存在显著规模效应的区域中集中存在一定局限的资源，同时向外进行扩散，推动区域整体的健康发展。1957年缪尔达尔在《经济理论与不发达区域》中分析发达与落后区域的动态关系,构建累积因果循环论,使佩鲁较抽象、缺失可行性以及对负面消极的增长极效应的研究不足得到有效弥补。1958年赫希曼指出,增长极将形成有力的"涓滴效应"及不利的"极化效应"。布代维尔指出以增长极为媒介,能够产生区域经济增长的乘数效应。集聚理论吸引区位及增长极理论等因素,其源头是1891年马歇尔阐述的产业区概念,其将聚集专业化产业的指定区域称为产业区,生产要素以追求规模经济为目标最终集聚于产业区中。1909年韦伯在《工业区位论》中提出"聚集经济"概念;胡佛(1975)把聚集作为可产生规模效益的企业群。克鲁格曼指出,区域专业化及空间产业集聚共存;波特对集群概念加以清晰明确且广泛地普及推广,指出产业集群意味着彼此关联的企业、供应商、服务提供者以及相应组织构建而成的群体,同时构建钻石模型,诠释国家竞争优势的内涵。

五 新制度经济学

经济发达国家的主要经济学流派是新制度经济学,承袭了制度学派的传统制度研究法,对资本主义问题予以高度重视,同时判断了缺陷;具有代表性的研究者包括威廉姆森与科斯以及诺斯等。

(一)产权、交易与效率

新制度经济学采取交易成本范式全面系统地研究有关各类经济制度方面的内容,提出制度安排的主旨目标是节约交易方面的成本支出。科斯定理由研究者通过《社会成本问题》论著加以总结,其含义是基于交易成本支出为零的情境,通过谈判,可实现利益最大化目标。由于全球万物均在彼此关联与作用,产权为使两者彼此联结的桥梁,所以可将科斯定理拓展成对整体社会效率的研究。然而,实际上交易成本支出等于零的条件不存在,初始化分配权利情况使整体的利益受到相应的影响。所以不同产权与制度安排的效率存在相应的差异,需提高整体社会效率,推动产权结构提高创新水平,使交易的成本得以减少。诺斯以经济学领域的假定理性选择为基础，采取交易成本等将新经济史理论系统构建出来，这一系统涵盖国家与产权等方面的理论，指出产权如果是"有效率的"，将存在稀缺性特征，国家限定产权结构且针对其效率承担相应的责任。

（二）制度变迁和创新

制度总是在不断发生变化，以持续创新为依托拓展自己的范畴，历经制度上的不断转变。马克思主义指出所有的社会制度均存在发展与转化的过程，基于特定条件将存在消亡的必然性。诺斯指出，制度的变迁意味着随时间流逝、打破制度的方式，可将其内在的逻辑结构上划分成主体、源头、动力以及流程和途径等，提出制度变迁途径受高交易成本且不完备市场和收益增加等因素影响。更高效率的制度将对传统制度予以取而代之，表现形式是从非均衡转变成新均衡状态，由均衡至非均衡、最终直到均衡的循环往复，在均衡的状态下，主体对制度的满意已经形成，对此制度予以自愿自主地接受，于是构建出稳定而和谐的社会局面。可将制度变迁叙述成制度的交替、转换等过程。制度的稳定性特点、处于环境不稳定性、人类实现利益最大化目标，以上几点冲突矛盾是永远存在的，也就是说决定制度变迁的决定因素、制度供需、制度的均衡及非均衡性使制度变迁的流程逐步构建。城镇化的供给与需求主体分别是政府与农民，全国性规模宏大的制度变迁相当于改变了农地及城乡的制度、工农的利益等。

（三）强制性和诱致性

可将制度变迁划分成以下类型：第一，强制性，自上而下，指的是采取行政权力及立法方式等外在的强制力量推进制度的改革与前进；第二，诱致性，自下而上，个体或者群体因为存在不均衡现象，导致获利的机会实行自发变迁，其诱因涵盖潜在与外部的利润。制度变迁主体涵盖政府、农户、企业等，然而在城镇化进程中，农民很难充当主体身份，政府实现的调控职能、公共物品实现的特殊职能、政治资源等的地位更为至关重要，由于其权威性大幅度减少了城镇化成本,采取承包模式的小农经济使现代化及规模化农业的进程受到相应的阻碍,新时代需提高土地流转的速度,但土地流转又具有诱致性与强制性两个特点。

(四)交易费用与城镇机理

制度涵盖以下层面的内容:第一,行为准则;第二,公众联结的经济社会以及政治方面的体制或相关组织。假如制度是合理的,将使交易成本得以减少,降低社会与个人两者的收益差异,同时对主体之间的相互包容予以鼓励,最后的结果是使经济活动效率得到大幅度提高。科斯在《生产的制度结构》中提出,假如在现实世界中,企业的交易费用大于零,企业由于节约交易成本而出现。城镇化相当于组织系统,在等级方面上存在相应的规模差异,城镇得以产生与发展是因为政府与家庭以及企业等各类组织为了节约交易成本而施行,然而城镇也必将存在单一企业不能实现的更为宏大的规模效应;发展城镇意味着各个子系统间交易所节约的全部费用。

上述研究观点对就地城镇化产生与发展的研究提供重要借鉴;生态迁移理论阐述城镇化及生态环境间的关联,指出施行就地城镇化时需关注人文及生态环境,城镇阶段理论在指定的区域内,由规模有别、职能不同、空间相互影响密切的城镇所构成的整体对于推动城镇化的协同发展等具有重要意义。

第三节　实践经验

一　国外就地城镇化的实践

很多国家未直接采用"农村就地城镇化"概念,然而一些建设新农村、施行农村城镇化的经验值得我国加以参考。

开始于20世纪70年代末的日本造村运动。20世纪60年代,日本经济得到迅猛的发展,同时对大都市实行发展的集中化,于是

第二章
文献综述、理论与实践基础

增加了城乡间的差距。农村人口快速向城市中流动，传统农村社会呈现出迅猛崩溃的状态，致使农村产生地域过疏等相关问题。日本乡村自发开展造村运动，从而重振农村。1979年大分县"一村一品"运动在日本乃至亚洲各个国家产生了极大的影响力，即基于政府的扶持与引导，以行政区划及区域特色产品为核心而产生的区域经济模式。造村运动有效地定位政府实现的职能，政府尽可能地规避资金上的直接扶持，而充分地增强群众的主观能动性，使其参与的热情得以激发出来，同时在技术上提供支撑，对农民加大培训力度，构建大批量综合性社区组织，实现对农村的全面覆盖，同时为农户提供优质服务，使循序渐进衰落的农村重现生机。日本造村运动也导致诸多问题产生，诸如缩减农村从业者的数量及耕地的面积、大幅度破坏生态环境等。

英国的中心村建设。第二次世界大战之后，英国距离城市远的乡村面对衰落的局面，但大都市的周边乡村都呈现出繁荣景象，乡村发展日趋多元化。20世纪50—70年代英国在乡村地区开展规模宏大的发展规划且以中心村建设为核心政策，集中乡村区域的人口。政府颁布综合性配套政策，针对中心村加大投资的力度，在中心村尽可能地提高就业率，投入住房及公共服务与基础设施，提高投入资源的利用率，使规模经济的效益得以发挥出来，并且在乡村使增长极产生。从70年代中期开始，中心村建设有心无力，不断产生各类问题，制定政策目标和实质上的成效缺乏一致性。于是政府出手进行调节，切实转变统一规划的政策，转化成结构规划模式，指导各区域立足于实际进行灵活主动地处理；之后中心村规划依然是英国发展乡村采取的主流模式。

美国的自由放任型城镇化模式充分发挥市场的主导性作用；即城镇化发展过程中以市场需求为主要驱动力，强调对市场调节与主导。美国在全球拥有最大的经济规模，州、县（郡）、市（镇）分别为51个、3043个、35153个，城镇化体系拥有分明的层次和实现功能的互补。卫星城镇及工业区彼此交叉发展，加利福尼亚州在城市带中位居第三，拓展至墨西哥边境。在城镇化发展的高级阶段，超过85%的人口居住于城市，乡村的人口向小城镇流动，中心城市人口向郊区流动，呈现出逆城市化态势。

德国发展城镇化时遵循"小的即美的"理念，在200余个10万以下的城市中居住国家70%的人口；80%的大型企业与高等院校均分布于小镇中。还有韩国的"新农村运动"等均为我国推进就地城镇化在理论与实践方面提供诸多可借鉴的经验。

二 我国就地城镇化的探索

历经数年的探索，就地城镇化在理论上成为我国为农民构想的伟大实践，农村系列的就地城镇化中具有代表性的案例不断地涌现出来，表明国家推进就地城镇化具有一定的可操作性，同时在国家内形成较强的示范及扩散性效应。

基于国家实施振兴乡村战略的时代背景下，海盐县以完善农村产权制度为出发点，以确权及赋能为基本理念，规避异地城镇化"城市病"等问题的产生，获得各地区的高度重视。

河南位于我国中部地区，素有人口及农业大省之称，农村户籍人口约6000余万人，比平均国家城镇化率10%还要低，对河南省的发展造成阻碍。在建设中原经济区的过程中，河南省以建设新型农村社区为切入点，对农民的就地城镇化发挥重要的引领性作用。河南因地制宜，整合各类空间的模式，包括改造城中村型、优化旧村型、合并村庄型、共享服务型等；优化多种类型的资金建设模式，涵盖农民自建、招商、援建等多元模式。河南省规划近万个新型社区且试点启动2000个，使生活工作环境得到一定程度的改进，使土地资源得到充分的优化与丰富。

北京郊区农村在就地城镇化方面取得诸多成功的案例。高碑店及蔡家洼实属就地城镇化蓝图的实景演绎。农民通过集体及自有的土地积极参与分享了城镇化的丰硕成果，使所有村民均在集体设置的物业公司属地实现就业，有效地解决了既没地又缺少资金的问题。蔡家洼位于县城的周边地区，在农业生产上具有独特的优势，同时还具备大规模的土地资源，具备规模农业发展与深加工的牢固基础。可采取宅基地换取楼房的方式，将规模较大的建设用地释放出来，采取招商引资的方式，将丰富的资源转化成雄厚的资本，有效地解决村民新居在建设方面缺乏资金的问题。蔡家洼村庄的深加工农产品产业园引入诸多企业前来进驻，村企共建形式得到健康发展，循序渐进地使农业集成商模式产生，上述模式为企业发展提供产业优化的组织平台，并且把农村地区处于分散状态的生产要素进行有效的整合，集聚在能够对接市场的平台中，从而实现生产运营的规模化。蔡家洼使全村人、周边村庄村民实现顺利就业，使安置及转移农村劳动力的问题得到有效解决。

具有特色的农村就地城镇化模式涵盖乡村休闲旅游业。海南澄迈县乡村大力发展休闲旅游业，鼓励农民开办乡村旅馆及养生馆，设置采摘的果园与菜园、增强村民的劳动体验，积极广泛开展旅游服务业，切实增加农村常住人口中非农人员比例，加强基础设施建设。改变粗放型经济增长模式，有效地解决经济发展及保护生态环境两者的冲突，针对城乡及生态环境做好治理与保护工作，构建持续发展长效机制。基于施行振兴乡村战略背景下，使乡村旅游业及就地城镇化实现协同性发展。例如，河北崇礼县通过利用其周边独特的地理自然条件发展休闲滑雪业，将周边城市的人群吸引过来，既带动了当地旅游业的发展，又促进了当地农村居民的就业非农化。广西一些自治县中的村落，利用其独特的民族文化和生态环境，发展农家乐文化旅游、果品种植和加工，实现农民增收，不断完善基础设施使农村居民过上城市人的生活。

以上案例表明农村就地城镇化并非只实施于表面，而是一条具有可操作性的途径，具备深厚的理论与实践方面的基础。然而，就地城镇化对于区域经济的发展程度存在严格的要求，所以不能作为普遍的经验在全国范围内推广。可在具备成熟条件的地区中多维度地推行与普及，不可拘泥于固定的模式，在不同的地区需要与经济发展基础及人文环境相结合，采取有针对性的发展措施。

三 经验总结

就地城镇化的表现形式是就地由农村人口实现至城镇人口的转变，就地意味着在落后的乡村经济中起步，目标是使乡村实现城市化，然而后期就地城镇化需要和异地城市容纳农村人口进行转移的城市化相结合。大都市式发展的形态有可能成为上述模式融合的最后形态；虽然是与传统城市化存在本质上的差别，然而归根结底，相当于殊途同归。

异地城镇化的表现形式是：第一，城乡二元结构为异地转移农村劳动力提供直接的动因，城乡间在收入与医疗文教卫生等基础设施上存在差异；第二，存在大量的农村剩余劳动力，乡镇企业弱化了吸纳的能力，提高农业劳动力迁移至城市的速度，逐步打破城乡的壁垒，为农村人口迁移至城镇大开方便之门；第三，加快私有化进程且使针对农村劳动力的需求得以扩大。通过优化城市产业结构而使新行业提高对城市青年的吸引力。

就地城镇化的表现形式是：第一，城市工业持续吸收农业的剩余劳动力，二元经济结构向现代化经济结构转变的难度增加；第二，乡镇企业在吸收农村剩余劳动力中发挥作用，其就业创造能力直接影响着我国农业劳动力的非农化进程；第三，异地城镇化使城市的基础设施遭遇巨大的压力，而就地城镇化在一定程度上缓解了大城市的就业压力和城市病等问题。

第三章

中部地区就地城镇化现状分析

我国中部地区地处内陆中原腹地，含安徽、山西、江西、河南、湖北、湖南六省，作为至关重要的交通中转的中心有效地融合东西和对接南北。历经数十年的改革，已成为国家最大的商品粮食基地，在区域发展中其战略地位是重要且显著的。2010—2019年中部地区GDP年均增长率达到了9.37%，比全国地区高出1.7个百分点，中部地区近十年的CDP增速如图3-1所示。中部六省经济社会的发展存在下列显著特征，即拥有众多人口与丰富的资源以及较优质的生态环境；虽然经济社会具有较良好的基础，然而社会发展的

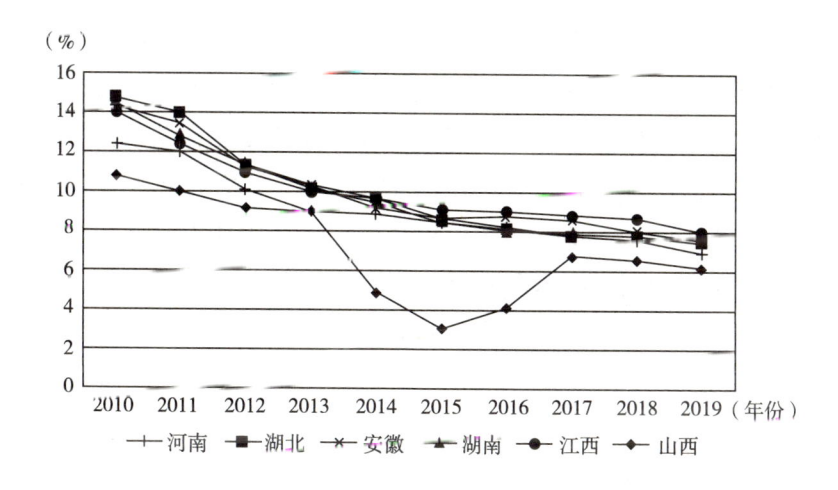

图 3-1　2010—2019 年我国中部六省 GDP 增势

整体情况及城镇化水平均有待于提升。中部地区处在东部及西部地区间，经济发展的条件与环境不如东部经济发达的地区，然而比大部分西部地区又要优越，以上是研究中部地区就地城镇化的总体背景。由于地理位置和经济条件特殊，研究中部地区的经济发展及建设新型城镇化将具有深远意义。本章将从中部地区就地城镇化的外部环境和所面临的问题入手，进而分析中部地区就地城镇化的特点与优势，最后表明中部地区就地城镇化的必要性与可行性。

第一节 中部地区就地城镇化进程的外部环境及面临的问题

一 中部地区就地城镇化的外部环境

（一）经济稳步增长

党的十九大指出，我国建设具有中国特色的社会主义已开启新时代，经济从迅猛增长时期转变成高质量发展时期。根据图3-1从经济增速来看，2010—2019年，中部地区经济的增长速度呈现出整体降低且逐步趋于平稳的态势，2019年生产总值的增长速度是6.1%，已逐步形成经济高质量发展的局面。中部地区经济的增长逐步趋向于合理化，经济运行的质量效益不断提高，财政收入稳定增加，各省不断提高经济发展质量。2019年中部地区公共预算收入是24894.8亿元；晋、皖、赣、豫、鄂、湘各省域的公共预算收入分别是2347.6亿元、5710亿元、4001.6亿元、4041.6亿元、5087.1亿元和3007.6亿元，分别较上年增长2.4%、6.5%、5.4%、7.3%、1.8%和5.1%（见图3-2）。

根据2019年的平均汇率6.8985将人民币换算为美元，山西、安徽、江西、河南、湖北和湖南的人均生产总值分别是6628、8480、7707、5686、11218、8335美元，借鉴世界银行针对发展经济水平的分组，中部地区各省份收入处于中等偏上水平，跨越中等

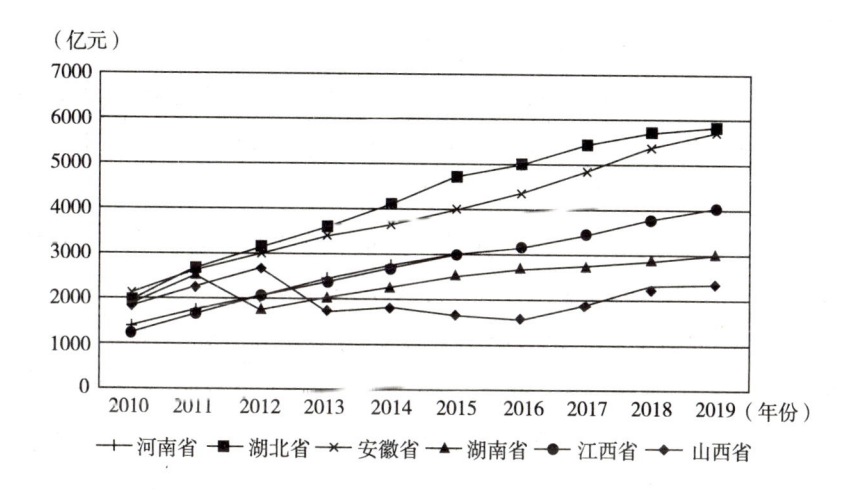

图 3-2 中部地区各省份 2010—2019 年一般公共预算收入

收入的陷阱而迈向高收入时期。居民的生活得到持续改善，2019 年中部地区的居民人均可支配收入是 26068 元，较 2018 年增长 9.3%，除山西省之外，中部地区其他各省份的增速均在 8.8% 以上，高于我国平均增长水平。

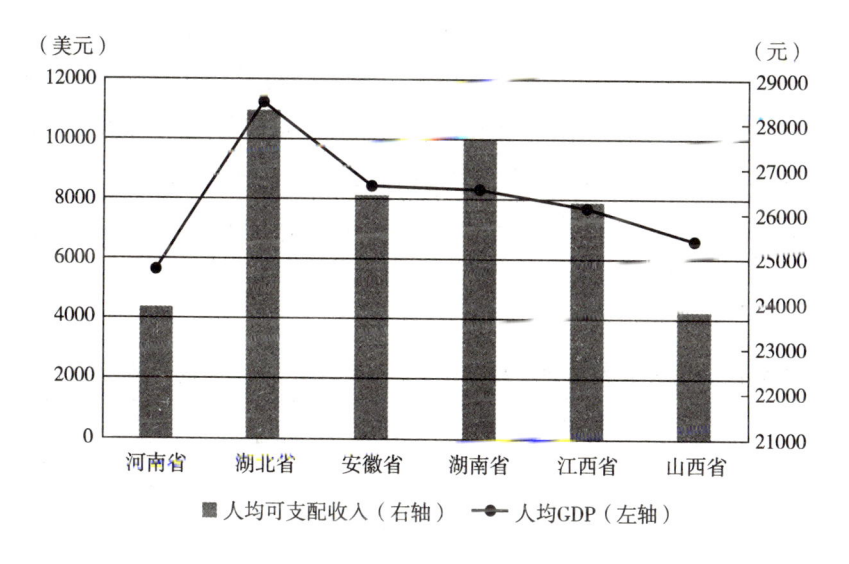

图 3-3 中部地区各省份 2019 年人均 GDP、人均可支配收入

(二) 产业结构合理

中部地区产业结构比由 2010 年的 13：52.4：34.6 调整为 2019 年的 8.2：41.8：50。2010 年中部地区第二产业发挥主导作用，比第一、第三产业分别提高 39.4 个和 17.8 个百分点；2019 年第三产业比重显著提高且增加 15.4 个百分点成为主导性产业；第一产业比例降低，但依然比国家平均水平高出 1 个百分点。作为我国的粮食生产基地，2019 年中部地区粮食产量为 19932 万吨，约占全国的 30%。中部地区固定资产投资稳定，2019 年各省份固定资产投资额较上年增长率均超过了 8%（见表 3-2），山西省固定资产投资较 2018 年增加 9.3%，其中，农业、交通运输业和教育的固定投资额增长率均超过了 20%，交通运输业更是高达 29.9%；制造业投资额与上年相比几乎持平（增长率为 0.1%）。安徽省农业和批发零售业的固定投资降幅较大，分别下降了 26.2% 和 21.3%，制造业和交通运输行业的投资增长率均超过了 10%，教育行业投资增长了 28.7%。江西省制造业投资增长 10.9%；农业投资下降 22.5%；批发零售业和交通运输业分别增长 18.3% 和 10.0%；教育行业固定投资增长率更是高达 46.5%。河南、湖北、湖南固定资产投资的增长率分别是 8.0%、10.7%、10.1%，制造业的投资增长幅度分别为 8.2%、10.0%、18.4%，批发与零售业的固定投资规模均出现不同程度的下降，交通运输业的投资增长幅度在 4%—6% 的范围，教育行业的投资增长率均为较大幅度的增长，分别增长了 24.6%、61.4%、23.9%。

表 3-1 中部六省 2010 年、2019 年三次产业结构比例及变化趋势

地区	2010 年（%）			2019 年（%）			变化趋势（百分点）		
	第一产业	第二产业	第三产业	第一产业	第二产业	第三产业	第一产业	第二产业	第三产业
山西	6.0	56.9	37.1	4.8	43.8	51.4	-1.2	-13.1	14.3
安徽	14.0	52.1	33.9	7.9	41.3	50.8	-6.1	-10.8	16.9

续表

地区	2010年（%）			2019年（%）			变化趋势（百分点）		
	第一产业	第二产业	第三产业	第一产业	第二产业	第三产业	第一产业	第二产业	第三产业
江西	12.8	54.2	33.0	8.3	44.2	47.5	-4.5	-10.0	14.5
河南	14.1	57.3	28.6	8.5	43.5	48.0	-5.6	-13.8	19.4
湖北	13.4	48.6	37.9	8.3	41.7	50.0	-5.1	-6.9	12.1
湖南	14.5	45.8	39.7	9.2	37.6	53.2	-5.3	-8.2	13.5
中部地区	13.0	52.4	34.6	8.2	41.8	50.0	-4.9	-10.6	15.5
全国	9.3	50.4	40.4	7.2	39.1	53.7	-2.1	-11.2	13.4

表3-2　中部六省2019年部分行业固定资产投资增速　　单位：%

省份	总计	农业	制造业	批发零售	交通运输	教育
山西	9.3	20.6	0.1	12.9	29.9	21.7
安徽	9.2	-26.2	10.1	-21.3	15.1	28.7
江西	9.2	-22.5	10.9	18.3	10.0	46.5
河南	8.0	-10.9	8.2	-26.5	4.8	24.6
湖北	10.7	17.0	10.0	-6.5	5.4	61.4
湖南	10.1	32.4	18.4	-19.8	4.0	23.9

（三）创新驱动力提升

2019年中部地区研发经费投入的强度是1.71%，比全国低0.52个百分点；R&D投入强度湖北省最高为2.09%，比国家平均水平低0.14个百分点（见表3-3）；2019年中部地区R&D经费投入为2823.21亿元，占全国投入的20.2%；R&D项目数为110716项，占全国的18.5%；专利申请数量为185980件，占全国的17.5%。中部地区研究试验发展经费的投入强度稳步提高，创新驱动日益增加，但其强度比全国平均水平低，还是处在投资驱动阶段，区域的科技水平及创新的效率与转移转化等层面还存在短板。日后将不断推进创新驱动战略，使新技术与新业态取得显著效果，加快新技术转化的速度。2019年中部地区技术市场成交额是

2860.16亿元，在国家技术市场中占12.8%，湖北省以1429.84亿元的技术成交额在中部地区的省份中排居首位，占中部地区技术市场成交额的近50%，湖南、安徽、河南次之，技术市场的成交额分别是490.69亿元、449.61亿元、231.89亿元；江西与山西分别为148.61亿元、109.52亿元，在中部地区占比5.2%、2.8%。

表3-3　　　　2019年中部地区技术市场成交额及
规模以上工业R&D活动情况

地区	R&D人员全时当量（人年）	R&D经费（亿元）	R&D项目数（项）	专利申请数（件）	投入强度（%）	技术市场成交额（亿元）
山西	27478	138.08	3826	6201	1.12	109.52
安徽	124491	576.54	25799	55520	2.03	449.61
江西	85032	320.22	18645	27813	1.55	148.61
河南	140361	608.72	23810	30397	1.46	231.89
湖北	115743	586.51	17424	35149	2.09	1429.84
湖南	106946	593.15	21212	30900	1.98	490.69
中部地区	600051	2823.21	110716	185980	1.71	2860.16
全国	3151828	13971.10	598072	1059808	2.23	22398.39

（四）工业发展强劲

工业向好发展为中部地区经济增速的发展提供有力支撑，近十年来中部地区工业增加值由高速增长转变成高质量发展。2010—2019年中部地区的工业增加值增长了85%（见图3-4），增速下降了24%（2010年增速为27.1%，2019年增速为3.1%），但与2010年相比，2019年工业增加值在全国占比基本持平，在全国比例从2010年的23.9%降低至2019年的23.1%，为中部地区经济的发展奠定了基础。2019年河南工业增加值在中部地区占比最高，占比达25.2%，山西工业增加值最低且在中部地区为9.0%；2010—2019年，安徽工业增加值的增速最高；山西则比较低，主要是受到产业转型的影响导致增速出现较大的波动。

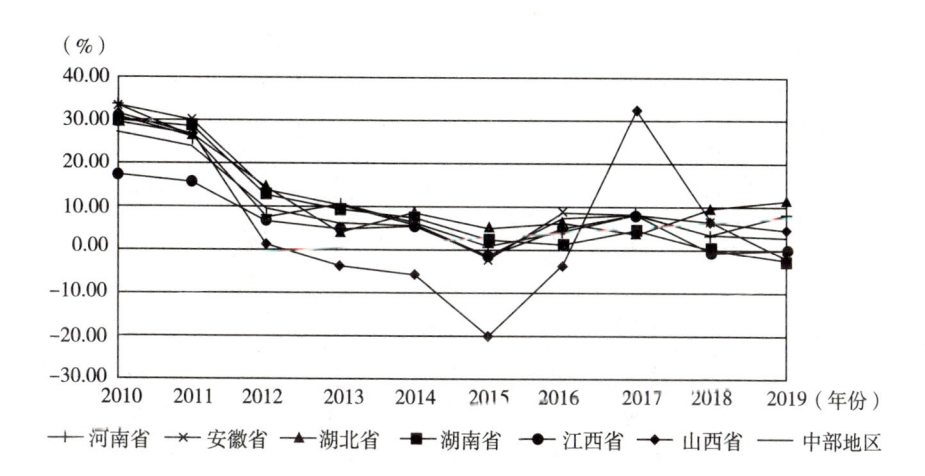

图 3-4　中部地区各省份 2010—2019 年工业增加值增速

表 3-4　　　　2010—2019 年中部地区各省份工业增加值　　单位：亿元

年份	河南省	安徽省	湖北省	湖南省	江西省	山西省	中部地区	全国
2010	11649.05	5407.40	6815.87	6392.17	4327.30	4923.92	39515.71	165126.40
2011	13494.80	7062	8657.64	8237.32	5462.31	6250.99	49165.06	195142.80
2012	14402.13	8025.84	9892.11	9285.11	5889.24	6330.40	53824.83	208905.60
2013	15130.75	8880.45	10330.07	10177.1	6523.26	6113.88	57155.51	222337.60
2014	16028.63	9455.48	11215.73	10955.87	6930.73	5769.17	60355.61	233856.40
2015	15823.33	9264.82	11783.54	11178.67	7026.22	4597.17	59673.75	236506.30
2016	17042.72	10076.94	12536.39	11337.28	7349.25	4441.22	62783.8	247877.70
2017	18452.06	10916.31	13060.08	11879.94	7969.59	5887.25	68165.23	278328.20
2018	18432.64	11663.94	14386.81	11916.38	8264.23	6260.22	70924.22	305160.20
2019	18413.21	11454.85	16087.33	11630.55	8965.81	6569.51	73121.26	317108.70

工业对于经济发展的贡献率在行业中名列榜首，2019 年中部地区工业增加值对于生产总值的贡献率高达 33.43%，在中部六省中安徽贡献率最高，为 38.58%，江西省较低，贡献率为 29.26%（见图 3-5）。同时，劳动生产率得到快速地增长。中部地区劳动生产率从 2010 年的 1.83 万元/人增长到 2019 年的 3.19 万元/人，增长了 74.3%。从各省份来看，2019 年湖北劳动生产率比较高，为 4.49 万

◇ 中部地区就地城镇化与产业发展研究

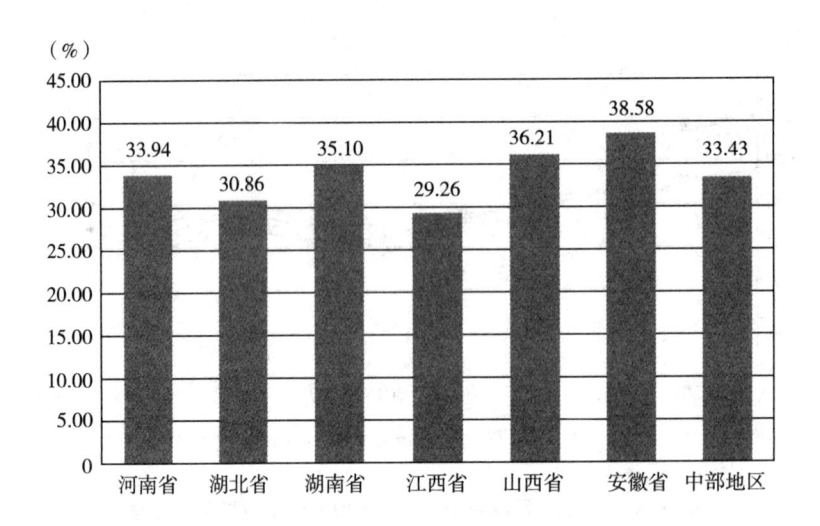

图 3-5 中部地区各省份 2019 年工业增加值对经济贡献率

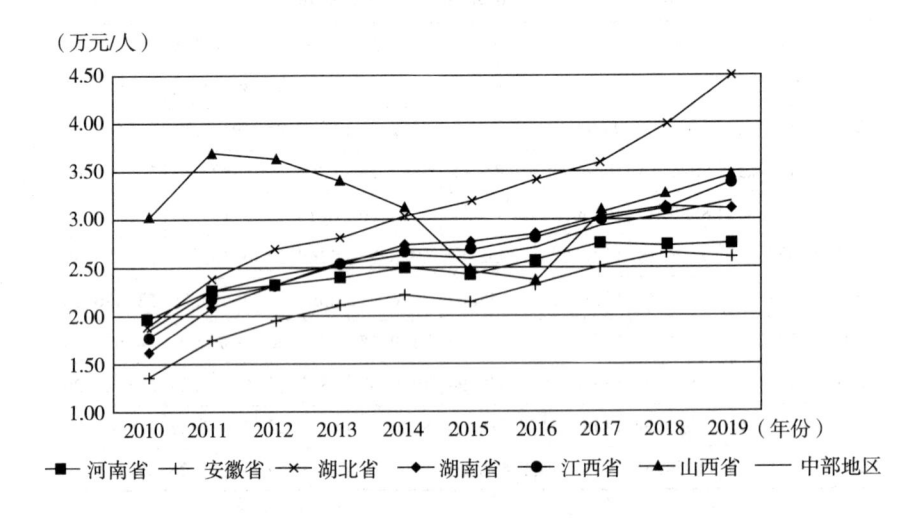

图 3-6 中部地区各省份 2010—2019 年劳动生产率

元/人,与 2010 年相比增长了 138%;安徽与河南比较低,分别是 2.61 万元/人与 2.75 万元/人。随着工业增加值不断增长,工业发展势头迅速,同时劳动生产率不断提高,为吸纳农村人口提供便利条件,加快农业及农村人口转移至非农产业,在一定程度上使城乡差距拉大的趋势得到相应的缓解,提高新产业新业态发展的速度,有助于农村劳动力的就地非农化,推动中部地区就地城镇化的进程。

二 中部地区就地城镇化进程中面临的问题

(一) 土地流转制度不完善

我国城市的土地归属于国家、农村的土地归属于集体,通过改革户籍制度充分地保障农民利益,由于农村户口具备独特优势,使农民不愿对土地予以放弃。然而现阶段土地流转情况表明,政府构建与完善土地流转制度旨在有效地保护农民本身的利益,然而在实行时存在各种问题,诸如流转土地时发生纠纷,农民没有清晰地掌握土地流转政策,通常在纠纷发生的时候才予以重视,最后导致终结土地流转的过程,最终浪费了土地资源,导致流转土地呈现出不连续性特征。王雅文以安徽蚌埠为研究对象分析农业农村人口就近城镇化的意向,认为鲜有农民情愿对土地运营与承包权放弃,其原因是土地相当于农民的生产资料,同时在社会上为其提供基本保障,因此在我国惠农政策的激励、没有优化流转土地市场的情境之下,农民缺乏放弃土地的积极主动性。[1]

(二) 产业支撑力薄弱

就地城镇化为产业的健康快速发展提供有力支持,然而现阶段我国中部地区的就地城镇化水平有待于提升,其原因是就地城镇化缺乏产业上的有力支持。其原因包括农村本身只具备较薄弱的工业基础,使规模效应很难形成,造成产业集聚的能力及经济效益日益降低,很难提高对农村剩余劳动力的吸引力。同时农村特色产业只具备比较小的规模,诸多乡镇的特色产业在发展的时候缺少规划,致使产业的发展滞后且呈现出无序的格局,很难形成劳动密集型且难以取得优势。河南省乡镇企业具有较薄弱的产业基础,产业具有

---

[1] 王雅文:《蚌埠市农业转移人口就近城镇化研究——基于安徽省蚌埠市的调查数据》,《山东农业工程学院学报》2018年第8期。

比较小的规划,且呈现出分散的布局,很难提高对就业人员的吸引力。因为缺少必要的科技,企业只能较为迟缓地发展,没有强势的龙头与非农产业企业,建设小城镇时缺少产业作为强有力支撑,很难提供充足岗位,一定程度上弱化了农村劳动力就业能力。[①]

（三）缺少资金供给、难以融资

现阶段我国就地就近城镇化在投入资金方面存在相应的压力,缺少融资上的多元与广泛的渠道,融资能力有待于提升。政府主要以由土地获取的财政资金为依托,地方政府扩大开发的规模,采取销售给开发商土地的方法取得财政方面的收入。一些地方政府采取发放债券的方式取得资金;乡镇政府在融资模式与方式上存在诸多问题,诸如政府采取集体集资的方式建设基础设施,或采取借贷方法加强基础设施建设。然而可持续城镇化的模式需具备流动性特点,城镇化建设需提高对投资的吸引力,并非只是以土地集资为依托。胡银根等以湖北襄阳四个具有代表性的乡村为研究对象,其认为城镇化需耗费诸多资金,镇政府很难在建设基础设施方面投入大量资金,因此将长时间存在资金短缺等问题,只是以镇级财政为依托,很难使资金不足的劣势得以弥补。[②]

（四）城镇化建设缺乏科学有效的规划

城镇化建设需与区域的自然资源及生态环境相结合,同时也要依托社会与经济及文化的特色。第一,我国在就地就近城镇化建设时,因为缺少可操作性规划,存在浪费资源及重复建设等问题;第二,推进就地就近城镇化采取过于粗放模式,政府只是将发展新型城镇化浮于表面形式,诸如采取调节行政区划方式,扩大市区管辖的面积,使农民被迫失去土地实现至市民的转化,上述粗放模式的规划忽略将人作为核心的理念。就地就近城镇化缺乏科学有效的规

[①] 李军等:《中部地区城乡一体化路径探析:就地城镇化》,《贵州社会科学》2018年第8期。

[②] 胡银根等:《新型城镇化背景下农村就地城镇化的实践与思考——基于湖北省襄阳市4个典型村的调查》,《华中农业大学学报》(社会科学版)2014年第6期。

划，一些地区在产业发展、制定社保政策的时候，忽略了农民的城镇化意向，基本上没有关注农民本身的意见，因此实施的策略缺少可行性与科学合理性。诸如南昌市的各县级以及下设的村镇，在建设与规划方面缺乏合理性，各种类型的开发区零散布局，不能为地区的群众提供便利条件，需切实加强公共服务基础设施的建设，尤其是医疗及教育等公共服务基础性资源有待于优化，一部分倾向于就地就近城镇化的农村人口因此必须流向异地去寻找优质的宜居环境。

第二节 中部地区就地城镇化的特点和作用

一 中部地区就地城镇化的特点

（一）中部地区跨省流动农民工减少、就地就业增加

2019年农民工总数量高达29077万人；本地、外出农民工的数量分别是11652万人与17425万人，比2018年增加的比例分别是0.7%与0.9%。

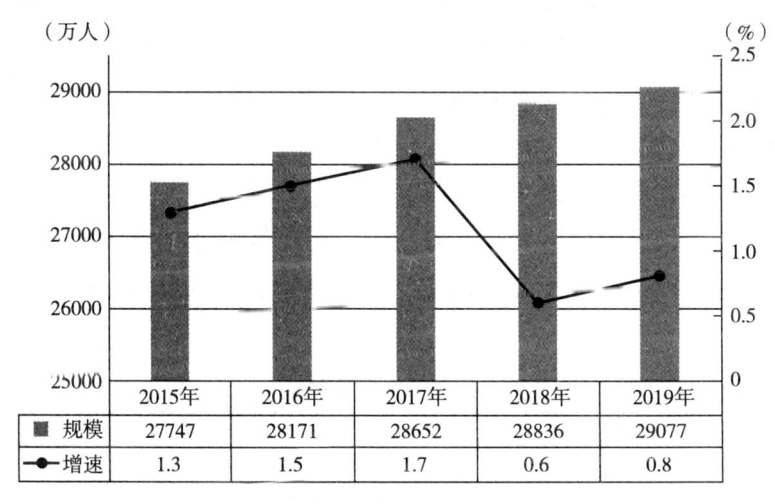

	2015年	2016年	2017年	2018年	2019年
规模（万人）	27747	28171	28652	28836	29077
增速（%）	1.3	1.5	1.7	0.6	0.8

图3-7 我国农民工规模和增速

在外出的农民工中，省内就业的农民工数量是9917万人，较2018年增长的比例是2.5%；跨省流动数量是7508万人，较2018

年降低的比例是1.1%；省内就业农民工占外出农民工的56.9%；东部与中部以及西部地区的省内就业农民工所占的比例较上一年有所提升，其中中部地区提升幅度最大，为1.4%。

表3-5　　　　　　　　农民工地区分布情况

按输出地分	外出农民工数量（万人）		组成（%）	
	跨省流动	省内流动	跨省流动	省内流动
合计	7508	9917	43.1	56.9
东部地区	821	3971	17.1	82.9
中部地区	3802	2625	59.2	40.8
西部地区	2691	2864	48.4	51.6
东北地区	194	457	29.8	70.2

（二）中部地区务工的农民工比例在提高

从输入地看（见表3-6），在中部地区就业的农民工6223万人，比上年增加172万人，增长2.8%，占农民工总量的21.4%。在东部地区就业的农民工15700万人，比上年减少108万人，下降0.7%，占农民工总量的54%。其中，在京津冀地区就业的农民工2208万人，比上年增加20万人，增长0.9%；在江浙沪地区就业的农民工5391万人，比上年减少61万人，下降1.1%；在珠三角地区就业的农民工4418万人，比上年减少118万人，下降2.6%。在西部地区就业的农民工6173万人，比上年增加180万人，增长3.0%，占农民工总量的21.2%。在东北地区就业的农民工895万人，比上年减少10万人，下降1.1%，占农民工总量的3.1%。

表3-6　　　　　　　　农民工地区分布

	2018年（万人）	2019年（万人）	增量（万人）	增速（%）
按输出地分				
东部地区	10410	10416	6	0.1
中部地区	9538	9619	81	0.8

续表

	2018年（万人）	2019年（万人）	增量（万人）	增速（%）
西部地区	7918	8051	133	1.7
东北地区	970	991	21	2.2
按输入地分				
在东部地区	15808	15700	-108	-0.7
在中部地区	6051	6223	172	2.8
在西部地区	5993	6173	180	3.0
在东北地区	905	895	-10	-1.1
在其他地区	79	86	7	8.9

从输出地看，中部地区输出农民工9619万人，比上年增加81万人，增长0.8%，占农民工总量的33.1%；东部地区输出农民工10416万人，比上年增加6万人，增长0.1%，占农民工总量的35.8%；西部地区输出农民工8051万人，比上年增加133万人，增长1.7%，占农民工总量的27.7%；东北地区输出农民工991万人，比上年增加21万人，增长2.2%，占农民工总量的3.4%。

（三）中部地区农民工收入增速加快

2019年在中部地区就业的农民工月均收入3794元，比上年增加226元，增长6.3%，增速比上年回落0.8个百分点；在东部地区就业的农民工月均收入4222元，比上年增加267元，增长6.8%，增速比上年回落0.8个百分点；在西部地区就业的农民工月均收入3723元，比上年增加201元，增长5.7%，增速比上年提高0.6个百分点；在东北地区就业的农民工月均收入3469元，比上年增加171元，增长5.2%，增速比上年提高3.8个百分点。

二 中部地区就地城镇化的作用

首先，有效地解决农村地区的留守等问题，使大城市的压力与负担得以缩减。在长时间迁移式城镇化的过程中，因为农村家庭的成员出外务工，导致家庭不再完整甚至四分五裂，因此农村地区衍生出大批量留守族，将其戏称为"三八（妇女）、六一（儿童）、九九

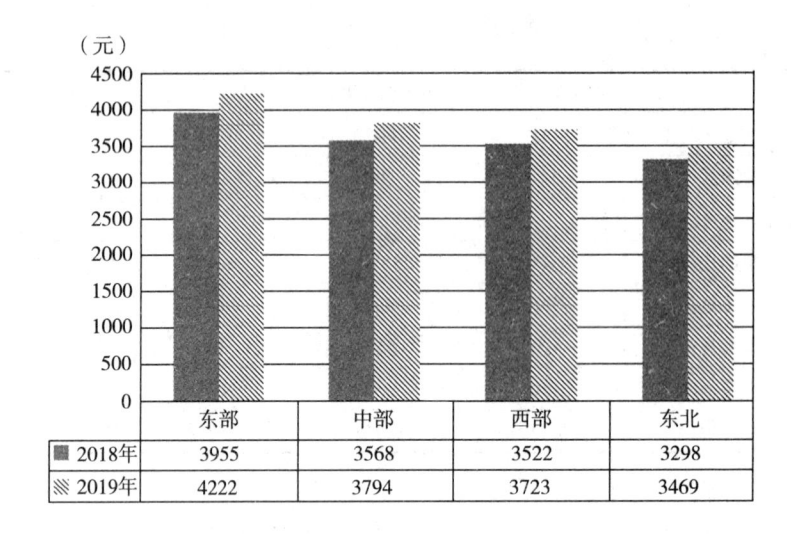

（元）	东部	中部	西部	东北
2018年	3955	3568	3522	3298
2019年	4222	3794	3723	3469

图 3-8　各地区 2018 年、2019 年农民工收入

（老年人）大部队"，这部分人在生活、教育、安全性、生理等层面均存在极其突出的问题。农村的青壮年劳动力前往城市务工之后，留守的老幼妇孺均降低了生活的质量，老人获取不到子女的照料，还需帮助子女照顾其孩子；留守儿童在农村地区缺失父母的关怀与完整系统的教育；留守的妇女拖家带口扶老携幼，艰辛度日；留守的家庭缺乏安全防范的能力，因此导致一系列突出的问题衍生出来。就地城镇化采取在本地区办企业的方式使地区经济得以发展，为剩余农村劳动力在就业方面提供岗位，提高对回流人口的吸引力，使农民就业于本地区，不再前往城市务工，有效地解决农村留守的问题，同时使大城市在交通、就业及住房等方面的一系列问题得到有效解决。

其次，推动农业产业化进程。农业生产有机地统一自然及经济两方面的再生产流程。经济学家指出，可将农业产业化有效地界定成实现社会化及市场化的农业，有效地运用集约模式，有机地结合农产品的生产与营销以及加工环节，加工及销售均属第二、第三产业范畴，其主要特点是集聚性。农业产业化基于某种程度需要使农业运营领域中的自然与市场方面的风险得到有效的规避与预防，同时也能加强农村市场及基础设施的建设。就地城镇化切实改造农村地区，使农村实现至城镇的转变，同时切实提高区域整合与集聚的能力，拓展既有的集贸市场，将缺乏潜力的市场淘汰掉，扶持与经济发展需求相适应的新型市场。以就地城镇化为建设契机，农村人口将转移到新发展的城镇区域中，出外务工的农村人口存在前往新城镇进行发展的可能性，因此通过优化集贸市场必然提高增加人口的集中程度，这在某种程度上将扩大集贸市场的规模且使其功能得以实现。同时发展集贸市场还将扩大农产品销售及流通规模，让农民不再担忧产品存在滞销问题，从而把农民扩大生产加工规模的积极性与热情激发出来，形成良性互动循环的过程；目前农村城镇的建设不断深入，农民不再独自独户建房，而是采取集中建房的方式，扩大耕地面积，为农产品的规模扩大再生产奠定基础。

最后，就地城镇化推动乡镇企业的健康快速发展。其一，提高投资吸纳能力。投资者在投资前需研究投资项目经济价值及投资环境，若地区发展极其落后，即便是乡镇企业投资价值极高，然而也会因为交通不便利或政府腐败等因素增加成本或无法创造相应的效益。拥有建设大城镇能力的政府，将完善与优化各个层面，同时有效地解决交通物流等问题，主要还是农村的城镇化需结合地区实力来提供有力支持。在以就地城镇化为契机的基础上可消除投资者的诸多顾虑，乡镇企业将提高对更多私人资本投入的吸引力。其二，提高吸纳优质劳动力的能力。为了切实提升乡镇企业的核心竞争力，需具备雄厚的资金实力，同时还需要技术型人才和管理型人才，这一类人才在选择工作时，考虑的不单是收入的高低，更看重的是工作生活环境和未来的发展前景。因此，只有不断完善乡镇的基础设施，优化乡镇的居住环境，缩小城乡之间在软硬件上的差距，才能吸引这些人才流向乡镇企业。其三，推动乡镇企业的现代化与科学化发展。农村城镇化要让投资者与人才资源的各种类型顾虑消除，同时提高乡镇企业对资金的吸引力，引进科学化与现代化的设备，提高对优秀人才的吸引力，改进乡镇企业中的软件与硬件等层面的条件，形成现代化的乡镇企业管理模式。

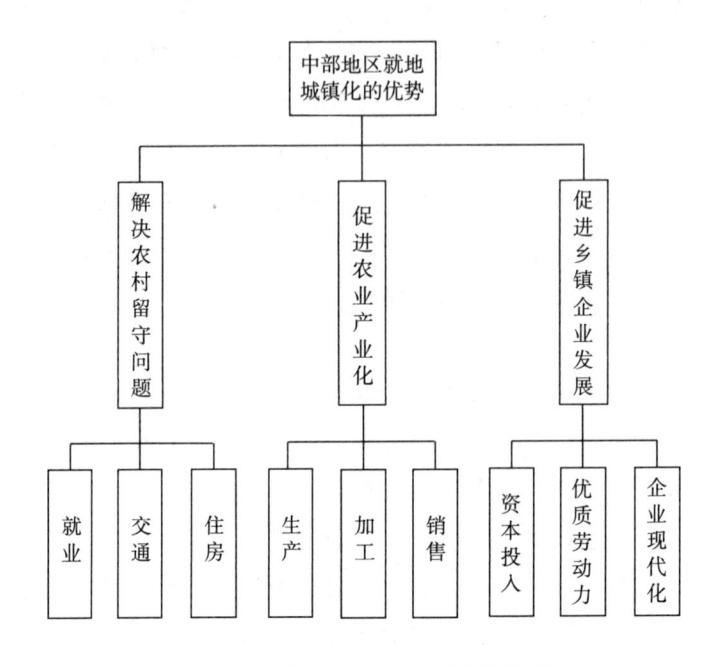

图 3-9 中部地区就地城镇化的优势

第三节 中部地区就地城镇化的意义

实现与发展城乡一体化的本质是把工农业、城乡、城镇及农村居民当作整体进行充分的考虑，按照次序妥善地处理好发展产业、发展城乡空间、市民及农民生活服务均等化等层面的核心问题，采取就地城镇化模式，使目前中部地区实现城乡一体化的需求得到充分满足。

一 增强村镇内生动力促进城乡产业发展互补

异地城镇化及就地城镇化的侧重点均是城乡产业得到健康发展。

城乡一体化需基于整体的角度考虑工业及农业等方面的问题。中部地区的郑州与武汉是我国重要的交通枢纽，同时也是坚实的工业基地，农业的投入额度与日俱增，明确了中心城市的地位，这将对中部地区的整体产业产生强烈的辐射作用。为了使农村地区得到可持续发展，以具备外部良好条件为基础，需使内部在产业方面的驱动力增强，采取加快发展农业速度的方式，切实保障自有产业的有序发展，不断集聚地方的资本，使农村经济得到长久增长。就地城镇化的优势是可就近推进非农化，有效而合理地运用既有的耕地，减小土地资源消耗的程度，同时使农业持续发展及国民的食品安全性得以保障。上述非农化的表现形式是改革农业供给体系的质量与效率，从两方向转变农民的职业。第一，农业从以往的依托资源型转型发展成产业化农业，旨在实现生产的标准化及营销的品牌化，使农业生产成本得以降低，提升农产品的质量与安全性能，在生产与运营方面创造相应的效益。就地培育新型职业农民，提高科技与经营管理水平，使农民职业的身份由被动实现至主动的转化；第二，在发展现代新型农业的过程中，树立"大食物、大农业"理念，使社会对于农业多元化个性化的需求得到满足，有机地把农业的生产加工流通与休闲农业、旅游业融合起来，大力发展"三生"农业，集生活、生产与生态于一体。一些农民需逐渐转移至第二、第三产业，成为旅游业、加工及流通农产品业、科技服务等农业领域中的从业者。以内生驱动为基础的产业发展路径、城镇化模式，通过良性循环充分提高村镇的劳动生产率及乡村环境的质量，切实转变农民的生产与消费模式，为城乡间在经济社会及生态环境等层面的系统稳定性提供保障。

二 合理控制人口流动缓解大城市病和空心村问题

在发展工业化和城镇化的背景下，城市地区不断地集聚大量的人口与丰富的资源，大城市呈现出不同程度的拥堵与污染环境现象。同时农村流失了大量的青壮年劳动力，导致现有的宅基地及耕地闲置下来，于是很难维持农业生产，社会文化生活呈现出严重的匮乏状态。中部地区现有武汉、郑州两座超大型城市（2019年常住人口分别为1121万人和1035万人），长沙、合肥、南昌三座特大型城市（2019年常住人口分别为839万人、819万人、560万人），另有14座大城市（2019年人口在100万—500万）。2010年后，中部各省会城市主城区人口保持高速增长，城区暂住人口占城区总人口的比例也在不断增大，郑州和合肥两市的这一比例都已超过40%。主城区的人口呈现出井喷爆发式的增长态势，使公共服务以及政府管理等层面遭遇严峻的威胁。中部地区的中小型城市、农村、小城镇等地区，因为产业日益衰退、人口严重地流失、经济无力增长等因素，城乡间的差距不断拉大。面对"城市病"和"农村病"双重压力，引导农民在原住户籍所在地从事经济生产及社会文化领域的生活，激发空心村镇的潜在活力。因此，中部地区实现就地城镇化是使城乡的困境有效突破的关键，也是城乡一体化发展的有效途径。

三 保障效益与公平实现农民市民化

究其本质，城乡一体化意味着合理配置与优化城乡的公共资源，使其共享性和公平公正性得到保障，减小城乡在生活方面的差距，并且需充分地考虑到社会运行的效率等因素。改革开放初期，在城乡规划及管理占据主流地位的是集约化与高效率。对比于城市地区，农村地区在很长的时期内在配置与优化公共资源方面属于"真空"状态。目前国家经济的实力不断增强，城乡的统筹得到广泛的关注，针对农村提供优质的公共服务，同时加强基础设施建设，在两个层面的投入逐步增多。然而中部地区的大多数农村青壮年劳动力在大部分时间都前往城市务工，公共服务及设施的使用率逐年下降，同时也提高了维护方面的成本支出与困难程度，在一定程度上浪费了公共资源，给公共资源均等化向更高层次发展带来了阻碍。中部地区发展城镇化过程中需要急迫解决的问题是使农民的市民化待遇得到保障，保证农村基础设施及公共服务的公平与效益。就地城镇化强调的是农村在既有的区域范畴，发挥现代化产业体系的推动力作用，以加强基础设施建设及提供优质的公共服务为侧重点，使农民尽可能地实现就地及就近就业，享受和城镇均等化公共服务及基础设施。本书阐述中部地区村镇的实际情况与条件环境，并加以全面分析与系统论证，选择实行就地城镇化的村镇当作培育的重点，有层次有重点地配置基础设施及公共服务，让城乡居民享受通过经济健康发展而打造的便利环境，使公共资源的浪费得到一定程度的遏制，切实提高运用公共资源的效率，进而顺利地落实城乡一体化。

第四节 中部地区实施就地城镇化的可行性

一 国家政策给予积极引导

目前中部地区以占全国土地总量的10.7%的土地为依托，为国家28.1%的人口提供衣食住行方面的承载；中部地区的农村人口数量为2.44亿人，在全国农村人口总数量中所占的比例约为1/3。纵观全局，需要妥善地处理中部地区城乡发展的关系，为有效地解决"三农"问题奠定基础。中部地区存在发展不协调的问题，在城乡发展方面存在不平衡的状态，国家基于顶层设计在政策方面予以积极有效的引导。我国针对中部地区实施中部崛起战略，推动我国在总体的层面上实现承接东西，使内地和东南沿海地区两者的差距有效减小，推动区域经济实现协同性发展。《国家新型城镇化规划（2014—2020年）》对工业反哺农业予以强调，同时指出城市需对农村给予有力的支持，做好城乡统筹发展工作。同时需要全方位地放开建制镇的约束，破除落户小城市的阻碍，严格有序地控制人口在特大城市中的规模。2021年政府报告中提出全面推进乡村振兴，同时推进新型城镇化建设，优先发展农村农业，加大乡村建设的力度，完善城乡融合体制。从根本上来看就是中部地区需在政策方面促进就地城镇化，使农民能够在户籍所在地实现安居乐业。

二 村镇产业发展前景可期

我国在建设城乡的过程中所取得的经验与吸取的教训表明,由于缺失村镇产业,使村镇的长远发展得以得到保障,同时城乡的关系缺乏稳定性。目前中部地区的各省份已转变以往的"农业以量取胜"的思路,并且改变"乡镇企业遍地开花"的现象。各省份对农产品质量予以重视,从而实现生产技术现代化与科学化的目标,使绿色农业真正地做大做强,以构建农产品加工领域的龙头企业为侧重点,将著名的本土品牌打造出来。2018 年安徽休闲农业及乡村旅游主体共计 17047 家;取得综合性营业收入 787 亿元;接待游客共计 1.96 亿人。现阶段安徽省休闲农业产业的规模不断扩大,充分地体现出主体与业态多元化的特点,凸显设施现代化的态势,有效地运用"旅游+""生态+"等创新模式,深层次地融合与渗透农业旅游、教育文化等产业,将农村新业态打造出来,增强农业领域的共享与体验。河南省的生猪饲养与加工制造肉类等产业得到健康发展,加快了物流服务质量的提高,目前在农产品方面已打造出"河南制造"的著名品牌,建筑"大粮仓",建设"大厨房",营造"大餐桌"。湖北省潜江的"虾稻共作"品牌开发出数十种类型的风味小龙虾,同时生产了医药甲壳素等。

我国以生态环境为依托的"生态游"持续升温,同时"文化游"得到快速兴起与发展,中部地区凭借在农业领域丰富的生态资源以"三产融合"为着力点,使产业链得到不断延伸与拓展。大批量拥有生态文化优势的农村区域变成城市居民度假的圣地及休闲娱乐的场所,围绕着武当山和神农架等国际精品旅游区为核心发展的跨区域旅游圈逐步产生。以生态文化为主题的旅游业得到健康快速的发展,这将极大程度地带动旅游以及服务业的发展。此外,还需逐步加强景区的建设,做好生产与加工工作,针对旅游人才加大培养的力度,实现全面、系统的发展。2018 年江西引进 1194 个省外及境外的农业投资项目,农业招商合同引资的总额度为 1700 余亿元。各种类型的休闲农业规模经营企业的总数量为 4810 家,经营

"农家乐"的户数已逾2.31万,省休闲农业从业者数量逾110万人,休闲农业及乡村旅游产值高达810亿元。2019年湖南省休闲农业经营主体为1.73万家,年度经营总收入480亿元,为振兴乡村产业提供有力支持。我国旅游市场运营情况表明,中部地区现有的生态文化旅游产业将为今后美好的发展前景奠定基础,并且成为推动就地城镇化的强劲驱动力。

三 就近就业成为人心所向

目前长三角与珠三角以及环渤海等地区已逐渐步入后工业化阶段,本土市场不能使资本增值需求得到满足,同时土地资源以及劳动力等生产资料要素的成本支出不断提高,东部发达地区循序渐进地把第二产业某环节或多环节向内陆地区进行转移。中部地区作为国家粮食生产、原材料能源、制造业等基地,同时也是综合性交通枢纽,对比于其他内陆,其区位优势是独特而显著的,在市场中具备巨大的发展潜力,同地在市场上具有得天独厚的运营优势,人力资源规模极其庞大,成为国际国内转移产业的首选地区。在人力及土地成本方面,中部地区中小型城市及小城镇在承接产业转移中能够以产业转移为依托,提高对回流务工人员回来就业的吸引力。统计局出台的《2019年农民工监测调研报告》中数据表明,在外出农民工当中,省内就业者为9917万人,增长2.5%;跨省流动农民工为7508万人,降低1.1%。省内就业的农民工在外出农民工总量中占56.9%的比例。东部与中部以及西部地区省内就业农民工所占的比例分别比上一年提升0.1个百分点、1.4个百分点、1.2个百分点。表明中部地区过去以远距离异地城镇化为主体,目前就地就近就业的新型城镇化趋势越来越明显。随着小城镇与乡村的基础设施与公共服务的快速发展,外出务工在保障劳动权益及生活水平方面的优势逐步失去。更多的农村居民会更倾向于选择就近或就地就业模式,外出务工者的回流已成为大部分村民的意愿,因此,农村的剩余劳动力希望实现与发展就地城镇化。

第五节 本章小结

在第二章对就地城镇化的相关研究进行了文献梳理以及提供相应的理论支撑和实践基础之后,本章针对中部地区而言分析其就地城镇化的发展现状。首先从中部地区就地城镇化进程中所处的外部环境入手,分析和总结就地城镇化进程中面临的一些问题,在此基础之上紧接着分析了中部地区就地城镇化的特点和作用,再对中部地区就地城镇化的意义进行了分析,最后从国家、社会、个人三个方面给出了在中部地区实施就地城镇化的可行性。在本章的分析中笔者发现就地城镇化的核心就是就地非农化就业,本质上来说就是避免人口迁徙,减小就业成本,这将在很大程度上对农村居民收入造成影响,也就意味着就地城镇化的过程与农村居民收入的关系密不可分,因此本书将在第四章对不同产业的驱动作用下中部地区就地城镇化对城乡居民收入差距的影响进行比较。

第四章

不同产业主导下就地城镇化对城乡差距的影响

当前我国城镇居民中大部分农村居民未真正地实现至"城镇人"的转变，而是相当于迁徙的候鸟一般，游离于城镇及农村两地；这些人以城镇为居住地，然而生活的水平与城镇居民的生活标准相去甚远。因此致使我们严重地忽略了发展城镇化的质量。[1] 具有代表性的表现形式是农民的收入没有随着城镇化的进程而得到迅速增加，原因包括乡村人口未均等地化地享受到城镇化带来的成果与利益，所以农民的收入较为迟缓地增加。就地城镇化则通过农村居民在本地的就业非农化和生活市民化来实现农村向城市的转变，其对农村居民收入的提高具有直接的促进作用，在此层面表明就地城镇化为缩减城乡居民收入差距提供便利条件。根据城镇化的内涵我们知道推进城镇化进程的核心驱动力还在于非农产业的发展，即第二、第三产业（工业和服务业）是推进城镇化的核心。[2] 实现就地城镇化需有效地协调第一、第二、第三产业间的关系，以第二产业和第三产业为核心驱动力，在就地城镇化的过程中农村劳动力的

---

[1] 李兰冰等：《"十四五"时期中国新型城镇化发展重大问题展望》，《管理世界》2020年第11期。
[2] 张改素等：《中国镇域工业化和城镇化综合水平的空间格局特征及其影响因素》，《地理研究》2020年第3期。

非农化就业无非是就地向第二产业和第三产业的转移,因此在不同产业主导下的就地城镇化发展必然会产生一定的差异性,而这种差异性对农村居民增收、缩小城乡收入差距又会造成怎样的不同影响,这将是本章的研究重点。

第一节 就地城镇化率的测度

一 中部六省各城市就地城镇化率的计算

中部地区位于我国内陆腹地,包括湖北、湖南、河南、安徽、江西、山西共六省,拥有103万平方千米面积,特点是人口众多,分布的密度极大、经济发展的水平有待于提高、担当中部崛起重任。目前各界日益重视区域城市的协调性发展,在中部地区打造了六大城市群(含武汉和太原两大都市圈,长株潭、中原、江淮和环鄱阳湖四大城市群);同时含"两纵两横"(长江段、沿陇海段、京广段、京九段)经济带由此穿过;上述经济体已成为中部经济、社会、文化得以统筹发展的增长极;中部地区具有深厚的历史文化底蕴,拥有丰富的资源与极其便利的交通,目前拥有深厚的工农业基础,现代服务业得到快速发展,是中国经济发展的第二梯队,依靠全国约10.7%的土地,承载全国约26.51%的人口,创造全国约21.69%的生产总值,是我国的人口大区、交通枢纽、经济腹地和重要市场,在中国地域分工中扮演着重要角色。2019年中部六省城镇化水平为57.4%,仍低于全国平均水平的60.6%,且中部地区还存在城乡区域发展不平衡、城乡居民收入差距较大、中小城市产业推动作用不足等问题。因此,本书选取了中部六省87个地级市作为研究对象,探讨在不同产业驱动下其就地城镇化演变格局及发展机理,对中部地区城乡差距的缩减提供有针对性的策略。

目前关于就地城镇化率计算的研究较少,多数还是对就地城镇化定性的分析,本书从就地城镇化的内涵入手对就地城镇化率进行计算。首先就地城镇化强调的群体是乡村人口，根据就业非农化这一就地城镇化的核心内涵，我们将乡村就业人员引入就地城镇化率的计算中，得到以下就地城镇化率的计算公式：

$$IU = \frac{RNEP}{REP} \tag{4-1}$$

其中，IU 表示就地城镇化率，$RNEP$ 和 REP 分别代表乡村非农就业人员数和乡村农业就业人员数。

基于以上公式，本书对中部地区87个地级市的2009—2018年就地城镇化率进行了计算。由于中部六省所涉及的城市众多，我们首先针对中部六省中的各省会城市的2009—2018年就地城镇化率进行对比，如图4-1所示。

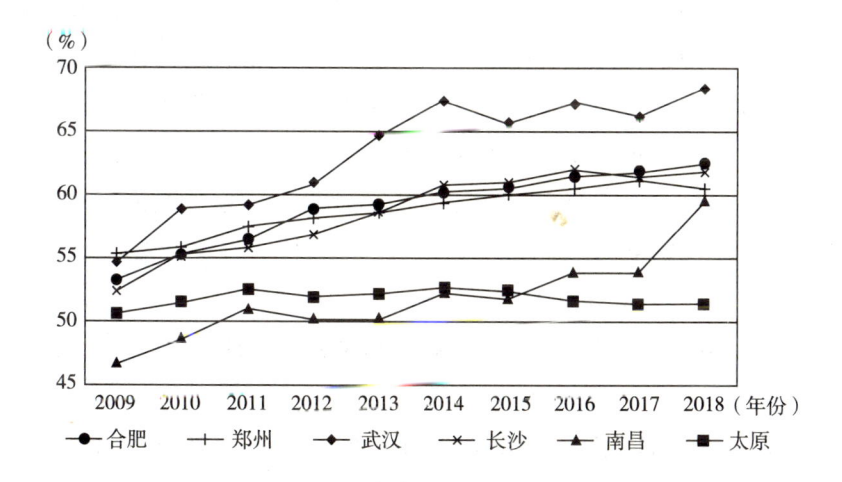

图4-1 2009—2018年中部六省各省会城市就地城镇化率比较

从各省会城市就地城镇化率的变化趋势来看，2009—2018年，除太原市就地城镇化率增长平缓不明显以外，其余5省会城市的就地城镇化率在该时期内均出现了较明显的提升，尤其是武汉和南昌的就地城镇化率增幅较大（武汉从2009年的54.76%增长至2018年的68.49%，南昌从2009年的46.65%增长至2018年的

59.65%）。郑州、合肥、长沙在2009—2014年就地城镇化率保持了较为稳定的增长（郑州、合肥、长沙2009年就地城镇化率分别为55.24%、53.32%、52.32%，2014年分别为59.51%、60.24%、60.87%），但在2014年以后增长趋于平稳。

从各省会城市就地城镇化率的横向比较来看，武汉在2009年就地城镇化率略低于郑州（武汉为54.76%，郑州为55.24%），2009年后在中部六省各省会城市中武汉均处于领先地位，就地城镇化率明显高于其他省会城市。郑州、合肥、长沙三城市各时期就地城镇化水平较为接近，从图4-1中可以看出，三条曲线相互交错始终保持较稳定的增长并未出现较大的差距。太原市就地城镇化率在中部六省各省会城市中处于较低的水平，就地城镇化发展缓慢，未看到其有明显的提升，与其他省会城市的差距也在逐步扩大。而南昌虽然在初期就地城镇化水平处于6个城市中的末尾，但其在之后就地城镇化水平发展迅速且与其他省会城市的差距不断缩小，尤其是在2009—2011年和2017—2018年出现了大幅度的提高（增幅分别为4.3%和5.7%）。截至2018年，中部六省会城市就地城镇化率依次为：武汉（68.49%）＞合肥（62.61%）＞长沙（62.00%）＞郑州（60.59%）＞南昌（59.65%）＞太原（51.55%）。

二 中部六省各城市就地城镇化率的空间格局

为了从空间上更加直观地看出中部六省各地区就地城镇化率的变化情况，我们借助ArcGIS软件将中部六省87个地级市就地城镇化的变化情况直观地展现。将就地城镇化水平按照就地城镇化率的大小分成五个水平，分别为低水平（低于44.86%）、中低水平[44.86%，51.19%)、中水平[51.19%，58.12%)、中高水平[58.12%，68.75%)、高水平（大于等于68.75%）。分类依据为：通过ArcGIS中的自然间断点法（Natural Break）把得到的分数由高至低划分成5种类型的水平，经由划分各年份，把各时间段上述类型水平的临界值采取加权处理操作，获取新区间，之后采取手动分级法（Manual）将其分成五个等级。我们选取了2009—2018年3个

第四章 不同产业主导下就地城镇化对城乡差距的影响

时间点的就地城镇化水平进行分析（每隔五年），分别是 2009 年、2014 年、2018 年三个时间点。

2009 年中部地区大部分城市就地城镇化率都处于低水平和中低水平的状态，尤其是交通可达性较弱的周边地区，其中处于低水平地级市有 41 个，中低水平有 23 个，中水平有 18 个；处于中高水平的城市呈点状分布，仅有黄石、随州、景德镇、铜陵、淮南五个地区，且大多数就地城镇化中水平的地区与中高水平地区相邻，说明就地城镇化率处在中高水平的地区在这一时期对周边地区就地城镇化的发展起到了一定的带动作用；值得注意的是中部地区未有城市达到了高水平的就地城镇化程度，说明此时处于高水平就地城镇化的地级市尚未发育完全。中部地区存在大量就地城镇化低水平地区，众多城市因此将进一步摆脱就地城镇化的低水平情况，加快就地城镇化中低水平的城市向中水平的转变，同时，力争实现就地城镇化高水平城市的零突破。

2014 年中部地区就地城镇化低水平地区相比 2009 年有了明显减少，2014 年低水平地区有 22 个，较 2009 年的数量减少了近一半；就地城镇化处于中低水平的地区有 26 个，与 2009 年几乎持平，说明有很大一部分处在就地城镇化低水平的地区其就地城镇化率发展至中低水平，就地城镇化中水平的地区有 18 个，与 2009 年保持一致，就地城镇化中高水平的城市有 19 个，而 2009 年中高水平的城市仅有黄石、随州、景德镇、铜陵、淮南五个地区，相比较而言，2014 年的就地城镇化中高水平的地区有了大幅度的增加。此外，2014 年还出现了就地城镇化高水平地区，分别是黄石和天门 2 个城市。

2018 年中部地区就地城镇化的情况整体上得到了改善，相比较 2009 年的情况，处在就地城镇化水平低的地级市显著减小（从 41 个减少至 26 个），中低水平的地级市数量和 2009 年持平（23 个），中高水平的城市数量有了较大幅度的提升，从 2009 年的 5 个增长到 21 个。同时出现了 2 个就地城镇化高水平的城市黄石市和潜江市。

— 85 —

就地城镇化中高水平区域的分布不再呈星点状态，而呈现连片带状特点，产生以武汉、长沙、南昌、合肥、郑州各省会城市为核心的城镇化圈层结构，具有显著的中心性，同时外圈还在持续拓展，基于就地城镇化空间结构呈现出显著的等级性，其扩散效应是明显的。具体来看，湖北省的扩散效应最为明显，形成了以武汉为中心大片的中高就地城镇水平的城市，其中荆门市和鄂州市更是从2009年的低水平就地城镇化跨越了中低水平、中水平两个等级在2018年步入了中高水平的就地城镇化城市。反观山西北部和湖南的西南部地区，到2018年依旧存在一定数量的低水平就地城镇化城市（湖南6个，山西7个），这些地区普遍都存在公共服务落后差、交通不便、经济发展动力不足等问题。

2009—2018年中部地区大部分城市就地城镇化水平都具有一定程度的发展，中部地区绝大部分城市的就地城镇化年平均增长率都处于0—1%的低增长区间内（57个地级市，占比65.5%），就地城镇化年平均增长率都处于1%—2%的中增长区间的地级市大多都位于湖北和安徽省内（14个地级市，占比16.09%），同时也有小部分城市就地城镇化水平出现了负增长的情况，且大多集中在河南、安徽地区，还有极个别城市鄂州和荆门在这段时期内就地城镇化增长率超过了2%，达到了高增长的水平。

三　不同产业主导下就地城镇化的比较

目前工业化是推动城镇化的重要驱动力[①]，若缺少产业的支持，城市即便基于外力作用也不能得以扩张且无法得到持续发展。刘航等（2014）指出，超越产业发展的快速城镇化成为我国存在产能过剩的主要原因，城镇化道路需要首先转换人口就业，之后才是转换居住地及身份，最重要的是通过足够规模及强竞争力的非农产业使

---

① 汪增洋等：《后工业化时期中国小城镇高质量发展的路径选择》，《中国工业经济》2019年第1期。

第四章
不同产业主导下就地城镇化对城乡差距的影响

就业的多元化需求得以产生。① 因此，我们根据城市主导产业的不同，将中部地区87个地级市按照主导产业划分成不同类型，划分依据为产业产值占比，通常我们认为某产业产值占比超过其他两种产业，则该产业为主导产业。由于本书研究的样本数据时间跨度有十年，考虑到产业占比在该段时期内可能发生较大的变化，我们对87个地级市该段时期的第二、第三产业占比进行了计算与比较，将产业主导的类型划分为以下三种（各时期内产业主导划分具体见附表2）。

表4-1　　　　　　　　中部地区各类型城市划分

城市类型	城市名称	数量
第二产业主导	黄石、十堰、宜昌、襄阳、鄂州、荆门、孝感、荆州、咸宁、随州、仙桃、潜江、天门、株洲、湘潭、郴州、娄底、南昌、萍乡、新余、抚州、合肥、淮北、淮南、滁州、六安、马鞍山、芜湖、宣城、铜陵、安庆、平顶山、安阳、鹤壁、新乡、焦作、濮阳、许昌、漯河、三门峡、南阳、商丘、周口、济源	44
第三产业主导	武汉、恩施、神农架林区、张家界、永州、太原、黄山	7
第二、第三产业交替主导	黄冈、长沙、衡阳、邵阳、岳阳、常德、益阳、怀化、湘西、景德镇、九江、鹰潭、赣州、吉安、宜春、上饶、大同、阳泉、长治、晋城、朔州、晋中、运城、忻州、临汾、吕梁、亳州、宿州、蚌埠、阜阳、池州、郑州、开封、洛阳、信阳、驻马店	36

第一种为第二产业主导型（工业主导型），此类型为2009—2018年第二产业始终作为城市的主导产业，属于第二产业主导型的地级市共44个。第二种为第三产业主导型（服务业主导型），该类型在2009—2018年第三产业自始至终地成为城市主导性产业，属于第三产业主导型的城市有武汉市、恩施州、神农架林区、张家界

---

① 刘航等：《城镇化动因扭曲与制造业产能过剩——基于2001—2012年中国省级面板数据的经验分析》，《中国工业经济》2014年第11期。

市、永州市、太原市、黄山市共7个地级市（州）。第三种为第二、第三产业交替主导型，此类型是2009—2018年时期通过第二、第三产业交替成为城市主导性产业，即主导产业在此时期内发生了变化，属于第二、第三产业交替主导的地级市（州）共36个。

对于第二产业主导型（工业主导型）地区的就地城镇化水平，从图4-2中可以看到，在2009—2018年中部地区就地城镇化水平的最小值在30%—35%的区间波动，期间始终保持较平稳的趋势；在此期间中部地区就地城镇化水平的均值在47%—54%的范围内，整体趋势表现比较稳定，2018年相比2009年有小幅度提高，期间就地城镇化水平稳步增长；而在这十年期间中部地区就地城镇化水平的最大值波动幅度较大，波动区间范围为62%—78%，2015—2016年还出现过一次较大幅度的回落（2015年最大值为77.55%，2016年最大值为72.10%）。

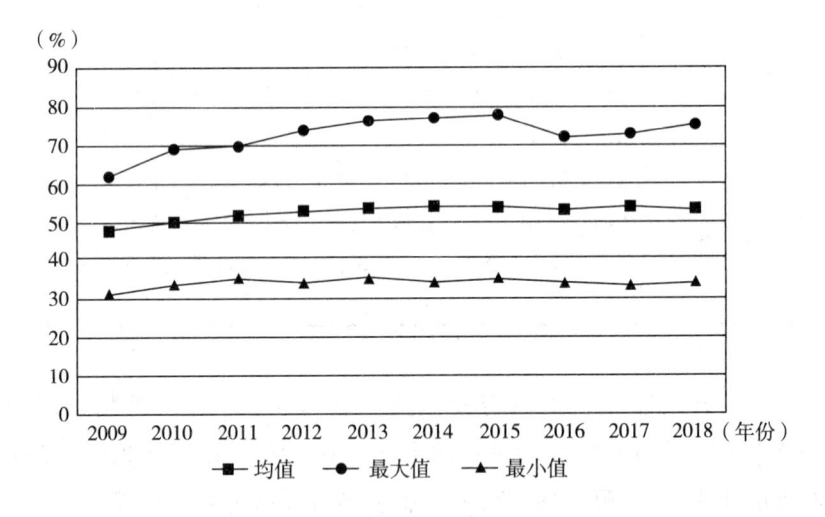

图4-2 第二产业主导型（工业主导型）地区就地城镇化水平

对于第三产业主导型（服务业主导型）地区的就地城镇化水平，从图4-3中可以看到，在2009—2018年中部地区就地城镇化水平的最小值在27%—38%波动，期间波动幅度较大，整体呈现上升的趋势；在此期间中部地区就地城镇化水平的均值在43%—51%的范围内，2018年相比2009年有一定程度的提高，整体趋势表现比较稳定，但相比与第二产业主导型城市的就地城镇化水平低3—4个百分点，这说明第三产业主导型城市的就地城镇化水平整体上要高于第二产业主导型地区；与第二产业主导型地区相同的是，在这十年期间中部地区就地城镇化水平的最大值波动幅度较大，波动区间范围为54%—69%，与第二产业主导型地区不同的是就地城镇化水平的最大值相对更小，期间还出现了两次小幅度的回落（2014年、2015年最大值分别为67.62%、65.78%，2016年、2017年最大值分别为67.37%、66.31%）。

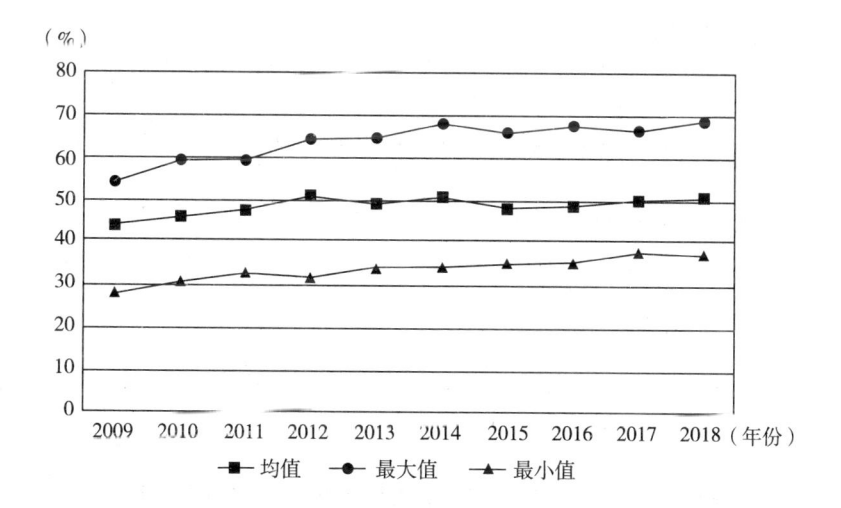

图4-3 第三产业主导型（服务业主导型）地区就地城镇化水平

对于第二、第三产业交替主导型地区的就地城镇化水平，从图4-4中可以看到，在2009—2018年中部地区城市就地城镇化水平的最小值在29%—33%的区间波动，期间波动幅度较小，前五年就地城镇化水平最小值较接近30%，十年期间整体呈现小幅度的上升趋势；在此期间中部地区城市就地城镇化水平的均值在42%—46%的范围内，2018年相比2009年有小幅度的提高，整体趋势表现比较稳定，但明显要低于第二产业主导型地区和第三产业主导型地区的就地城镇化水平；从总体上来看，这十年期间中部地区城市就地城镇化水平的最大值变化幅度不大，2009年就地城镇化率最大值为59.20%，2018年就地城镇化率为62.00%，但期间内从2011—2014年出现了几次大幅度的"波浪形"振荡（2011—2014年中部地区城市就地城镇化率的最大值依次为61.94%、58.25%、64.85%、60.87%），之后趋于平稳，稳定在62%左右。与第二产业主导型地区和第三产业主导型地区的就地城镇化水平的最值相比，第二、第三产业交替型地区整体上来看明显更低。

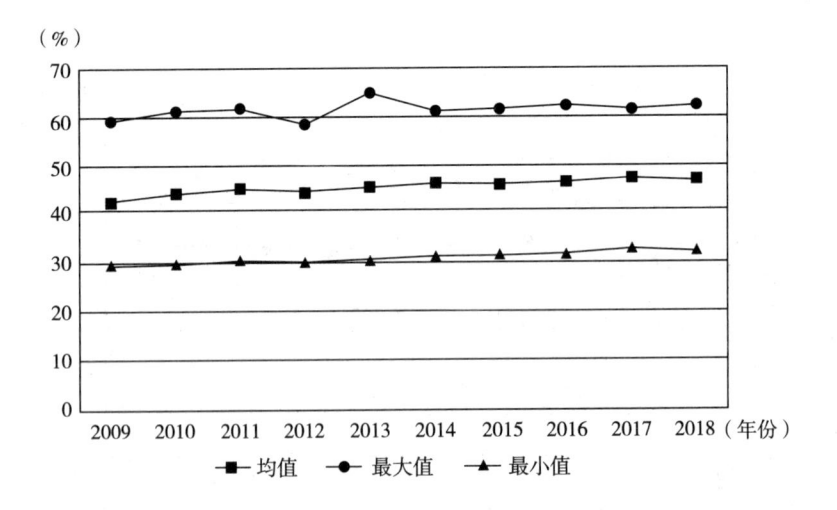

图4-4 第二、第三产业交替主导型地区就地城镇化水平

针对这三类不同产业主导型的城市，我们先对各时期的就地城镇化率进行观察（见表4-2）对其就地城镇化水平进行比较。从极值来看，以第二产业为主导类型的地区就地城镇化率极大值明显大于其他两种类型，而在极值区间上，各时期三种不同产业主导型的就地城镇化均呈现出较大的极值差（就地城镇化率极大极小值差均大于25%）。

第四章 不同产业主导下就地城镇化对城乡差距的影响

表4-2　　　　　　　　　描述性统计　　　　　　　　　单位:%

年份	平均值 a	平均值 b	平均值 c	极大值 a	极大值 b	极大值 c	极小值 a	极小值 b	极小值 c
2009	47.93	43.71	42.49	62.08	54.76	59.20	31.52	27.95	29.48
2010	49.75	46.15	43.95	68.99	58.91	61.03	33.73	30.52	29.83
2011	52.04	48.03	45.34	69.97	59.22	61.94	35.19	32.72	30.32
2012	52.95	50.87	44.53	74.06	64.16	58.25	34.36	31.47	30.35
2013	53.54	48.98	45.56	76.58	64.66	64.85	35.60	34.03	30.78
2014	54.18	50.39	46.39	77.25	67.62	60.87	34.33	34.38	31.20
2015	53.84	48.48	46.25	77.55	65.78	61.16	35.21	35.43	31.65
2016	53.44	48.86	46.70	72.10	67.37	62.08	34.42	35.48	31.77
2017	53.70	49.68	47.35	72.88	66.31	61.42	33.62	37.98	32.46
2018	53.42	50.49	46.88	75.42	68.49	62.00	33.94	37.30	32.36

注：a、b、c分别代表第二产业主导型、第三产业主导型和第二、第三产业交替主导型的地级市（州）。

再看均值，三种不同产业主导的就地城镇化在2009—2018年均得到了不同程度的发展，前期发展势头迅猛，中期发展出现波动，后期发展速度缓慢，甚至有出现就地城镇化率下降的趋势（见图4-5）。

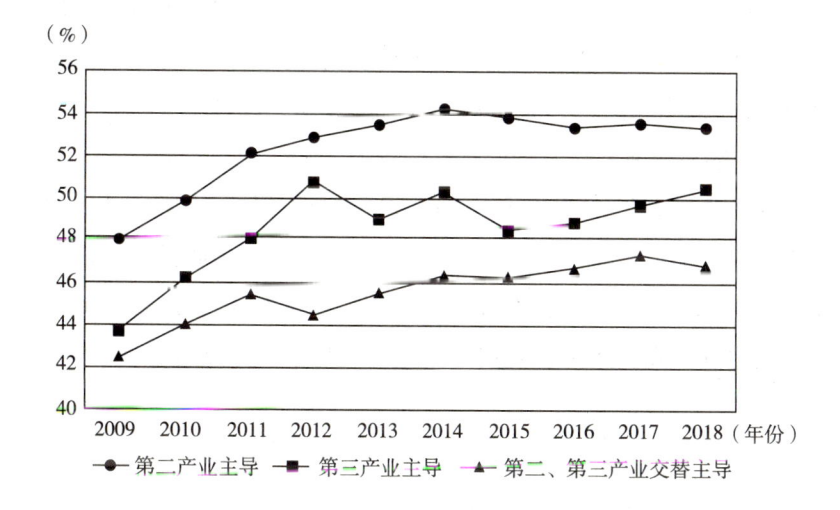

图4-5　2009—2018年各类产业主导型的平均就地城镇化率

针对三种不同类型产业主导的就地城镇化水平进行对比，可以发现第二产业主导型的就地城镇化水平要普遍高于第三产业主导型就地城镇化水平，而第三产业主导型就地城镇化水平又要普遍高于第二、第三产业交替主导型的就地城镇化水平。但对于2009—2018年平均就地城镇化率的增幅而言，第三产业主导型的就地城镇化率增幅大于第二产业主导型就地城镇化率增幅大于第二、第三产业交替主导型就地城镇化率增幅（第二产业主导型的平均就地城镇化率增幅为5.94%，第三产业主导型的平均就地城镇化率增幅为6.78%，第二、第三产业交替主导型的平均就地城镇化率增幅为4.39%）。总体上来说，在三种不同方式的产业主导下就地城镇化水平均得到了不同程度提高。

第二节 变量选取与模型构建

基于以上三种不同产业主导型就地城镇化的划分，接下来我们对不同产业主导下的就地城镇化对城乡居民收入差距影响进行分析与比较。鉴于之前较多的学者验证了迁移城镇化与城乡居民收入差距二者之间存在非线性关系，笔者猜想就地城镇化对城乡居民收入差距的影响同样可能是非线性的。因此，本书借助门槛模型对三种不同产业主导型的就地城镇化与城乡居民收入差距的关系进行验证与分析。

一 变量选取

本书基于2009—2018年中部六省87个地级市（自治州）的面板数据进行实证检验；门槛变量与被解释变量分别是就地城镇化率iur及城乡收入差距gap；大部分研究者将城乡收入差距表示成城镇居民人均可支配收入以及农村居民人均纯收入两者比值。[1][2] 本书遵

---

[1] 李如友：《中国旅游发展与城乡收入差距关系的空间计量分析》，《经济管理》2016年第9期。

[2] 李健旋等：《金融集聚、生产率增长与城乡收入差距的实证分析——基于动态空间面板模型》，《中国管理科学》2018年第12期。

第四章
不同产业主导下就地城镇化对城乡差距的影响

循上述原则,选取此指标对城乡收入差距予以有效地衡量。为使价格等因素的影响得以消除,本书利用2009—2018年度各地级市(自治州)的城镇与农村居民消费价格指数针对城镇居民的人均可支配收入及农村村民的人均纯收入进行平减处理(基期是2009年)。关于模型的控制变量,出于数据的可获取性及可比较性的考虑,并借鉴现有的部分经典文献[1][2][3][4],不同产业主导型就地城镇化对城乡居民收入差距的门槛模型所选取的控制变量如下:

1. 社会资本存量(inv)

对于社会资本的不断投入,能够很大程度地刺激经济增长,但社会资本具有流向城市的偏好,一方面社会资本流向城市会吸引更多的农村劳动力流向城市,另一方面城市社会资本的加速积累会加大城乡之间的差距,即扩大了城乡居民之间的收入差距。国内外大量的文献资源研究估算社会资本存量的方法与内容,比较经常采取的方法为Goldsmith所提出的永续盘存法PIM,在估算时充分地考虑基期资本存量与折旧率等问题。[5] 本书选取固定资产投资额度当作当期投资的指标,采取各省市投资价格的指数平减处理上述数据,且调节成2009年实际价格值;计算基期资本存量公式是:

$$K_0 = \frac{I_0}{g_i + \delta} \quad (4-2)$$

其中,K_0、I_0、g_i以及δ分别代表基期的资本存量、实质上的投资、一段时间内实质上投资的平均几何增长率和折旧率。本书计

---

[1] 曹裕等:《城市化、城乡收入差距与经济增长——基于我国省级面板数据的实证研究》,《统计研究》2010年第3期。

[2] 马强等:《城镇化缩小城乡收入差距的机制与效应——基于中国271个城市面板数据的分析》,《城市问题》2018年第10期。

[3] 穆红梅:《城镇化水平与城乡收入差距关系研究——基于收入结构视角》,《经济问题》2019年第8期。

[4] 李子叶等:《中国城市化进程扩大了城乡收入差距吗——基于中国省级面板数据的经验分析》,《经济学家》2016年第2期。

[5] 王兵等:《不良贷款约束下的中国银行业全要素生产率增长研究》,《经济研究》2011年第5期。

算的是中部六省87个地级市（自治州）的2009—2018年的资本存量且基期是1997年，g_i代表各省市基于2009—2018年实质上投资的平均几何增长率；对于折旧率的计算，吴延瑞（2008）对各省份采取不同折旧率明确折旧率。① 因为现阶段未细分至各地级市的折旧率，所以本书参考吴延瑞观点选择与计算不同省市折旧率；可由上述公式获取基期资本数量，再经由式（4-3）可计算出中部六省87个地级市（自治州）的2009—2018年的社会资本存量。

$$K_t = I_t + (1-\delta)K_{t-1} \tag{4-3}$$

2. 对外开放程度（fdi）

本书采用外商直接投资水平来衡量对外开放程度，外商直接投资能够经由知识溢出、转移产业、竞争等渠道使城市生产率的增长及城乡收入差距受到直接或间接的影响。本书以当年外商直接投资额（FDI）占地区生产总值比重代表对外开放程度，其中FDI金额按照各年兑美元汇率折合成人民币，GDP以2009年为基期的地区生产总值进行平减。外商直接投资FDI在城镇较为集中，因此FDI流入为城镇居民提供便利条件。因此，本书预计的经济开放会使城乡收入差距扩大。

3. 农业现代化程度（agr）

农业现代化水平很大程度上决定了农业的生产水平，更高程度的农业现代化水平能够进一步地提高农业生产，通过提高农业生产水平、提高农产品产量直接促进农村居民的增收。本书通过农业机械的总动力对其科学化与现代化的程度进行有效衡量，农业机械总动力即农林牧渔业机械动力的总和，包括耕作机械、排灌机械、收获机械、农用运输机械、植物保护机械、牧业机械、林业机械、渔业机械和其他农业机械，单位按功率折成瓦计算。

4. 人力资本水平（edu）

人力资本即呈现于劳动者显示出来的资本，包括技能知识、文

---

① 吴延瑞：《生产率对中国经济增长的贡献：新的估计》，《经济学（季刊）》2008年第3期。

化能力等；提高人力资本的水平，能够充分地提高劳动力能力与质量以及技术技能水平等，从而提高劳动生产率。内生增长理论显示，人力资本是促进城市生产率的增长、使城乡收入差距增加的核心因素。本书采用各地区从业人员的平均受教育年限来衡量人力资本水平（edu），把劳动力受教育的程度、受教育平均年限划分为六种类型：文盲（0 年）、小学（6 年）、初中（9 年）、高中（12 年）、大专及本科（16 年）、研究生（19 年），计算其年限公式是：

$$humcap = primary \times 6 + junior \times 9 + senior \times 12 + college \times 16 + postgra \times 19 \tag{4-4}$$

primary、*junior*、*senior*、*college*、*postgra* 分别代表受上述教育程度的居民在 6 岁以上人口数量中所占的比例。

5. 政府干预程度（gov）

基于财经分权体制的作用，政府干预强烈地影响到城乡收入差距及城市生产率的增长情况。本书通过政府公共预算支出占国民生产总值比例对政府干预经济的程度进行有效衡量。经济增长主要源自城镇非农产业，财政的支出中面对农村的部分只占少数，所以地方财政支出需倾向于城镇。因此，本书预想财政支出在国民生产总值中占有的比例越大，收入差距可能会越大。

6. 金融发展水平（fin）

金融服务业的发展，同样偏向于在城镇地区聚集，农村地区金融产业相对较少。因此，金融行业的发展主要有利于提高城镇居民的收入，这可能会进一步加大城乡收入的差距。本书采取年末金融机构人民币贷款的余额和国民生产总值（GDP）的比例对地区金融发展能力加以有效地衡量。

二 门槛模型的构建

门限回归模型最早是 Hansen（1999）所提出，成为探究宏观经济现象中的非线性特征的主要工具与方法而得到广泛地运用。单一面板门限回归模型为：

$$y_{it} = \theta_1 x_{it} + e_{it}(q_{it} \leq \gamma) \tag{4-5}$$

$$y_{it}=\theta_2 x_{it}+e_{it}(q_{it}>\gamma) \tag{4-6}$$

其中，i 与 t 分别代表各省市的样本与年份；y_{it} 与 x_{it} 分别代表被解释变量及解释变量，q_{it} 与 e_{it} 分别代表门限变量及残差项；当 q_{it} 不大于 γ 时，面板门限回归模型见式（4-5），当 q_{it} 大于 γ 时，见式（4-6）。构造示性函数为 $I(\cdot)$，在使括号内条件得到满足的时候，取值成1；如若不然，取值成0。可将上述公式合并成：

$$y_{it}=\theta_1 x_{it}I(q_{it}\leq\gamma)+\theta_2 x_{it}I(q_{it}>\gamma)+\theta'x'_i+\mu_i+e_{it} \tag{4-7}$$

其中，u_i 表示各省市的个体效应，为控制变量，其余变量定义如上所述。θ_1、θ_2、γ 为待估参数。在对门槛值进行估计的时候，本书采取 Hansen 所提及的门限回归模型，采取 Bootstrap 法模拟 F 统计量的渐进分布与临界值，明确门槛效应存在与否，采取似然比统计量 LR 对门槛效应的显著与否加以有效地判定。在门槛变量存在2个或者更多的门槛值的时候，需重复上述步骤继续寻找其他门槛值。以双门槛模型为例：

$$y_{it}=\theta_1 x_{it}I(q_{it}\leq\gamma_1)+\theta_2 x_{it}I(\gamma_1<q_{it}\leq\gamma_2)+\theta_3 x_{it}I(q_{it}>\gamma_2)+\theta'x'_{it}+\mu_i+e_{it} \tag{4-8}$$

检验存在第二个门限与否的主要方法是设门限值 $\hat{\gamma}_1$ 是已知的，假如存在第二个门限的话，需回检第一个门槛值，Hansen 做法是首先明确 $\hat{\gamma}_2$ 成门限值，求出残差平方及另一最小门限值 γ_1^*，经由似然比统计量对门限估计值 γ_1^* 予以验证，看它和实质上门限值 γ 存在一致性与否，假如是一致的，持续重复以上步骤，探究有可能存在的其他值，直到结果缺乏一致性，将门限值数量明确出来。

本书在保证数据的可获取性的前提下，构建了中部地区不同产业主导型就地城镇化水平对城乡收入差距影响的门限回归模型：

$$gap_{it}=\theta_1 x_{it}I(iur_{it}\leq\gamma_1)+\theta_2 x_{it}I(\gamma_1<iur_{it}\leq\gamma_2)+\theta_3 x_{it}I(iur_{it}>\gamma_2)+\theta'x'_{it}+e_{it} \tag{4-9}$$

其中，被解释变量是城乡收入差距 gap，门限及核心解释变量是就地城镇化率 iur。控制变量分别为社会资本水平 inv、对外开放程度 fdi、农业现代化程度 agr、人力资本水平 edu、政府干预程度

第四章
不同产业主导下就地城镇化对城乡差距的影响

gov、金融发展水平 *fin*。

第三节 实证分析

一 门槛值检验

基于以上相关变量的确定与门槛模型的构建,实证检验部分我们选取了 2009—2018 年中部六省 87 个地级市(自治州)的面板数据。根据上义从产业主导类型对中部地区城市进行分类的结果,本章节同样从三类主导产业的就地城镇化分别进行三组数据的回归,第二产业和第三产业主导型的城市分别是 44 个与 7 个,两者交替主导型城市是 36 个;由于第三产业主导型城市的数量比较少,同时比时间跨度小(N<T),因此为了避免回归估计过程中出现"伪回归"的问题,在做门限回归之前先对第二组变量实施面板单位根的检验。本书采取 LLC-Test 检验各变量的平稳性,检验结果如表 4-3 所示。

表 4-3　　　　变量的单位根(LLC)检验结果

变量	统计量	P 值	检验类型(C, T, L)	是否平稳
gap	-8.4036***	0.0000	(C, T, 0)	平稳
iur	-9.4754***	0.0000	(C, T, 0)	平稳
inv	-2.1112**	0.0174	(C, T, 0)	平稳
fdi	-7.6547***	0.0000	(C, 0, 0)	平稳
edu	-12.4619***	0.0000	(C, T, 0)	平稳
agr	-11.2932***	0.0000	(C, T, 0)	平稳
gov	-4.2287***	0.0000	(C, T, 0)	平稳
fin	-5.9422***	0.0000	(C, T, 0)	平稳

注:在检验类型(C, T, L)中,C 代表 LLC 检验内包含的截距项 constant;T 代表包含趋势项 trend,0 代表没有趋势项;L 为滞后阶数 lag(#);*、**、*** 分别代表 1%、5%、10% 的显著性水平;下同。

各变量在5%统计水平下显著，对存在单位根原假设予以拒绝，因此所有变量序列平稳，进一步地研究通过 Westerlund（2008）面板协整检验发现各变量存在长期的均衡关系（Westerlund 检验统计量为 4.7915，P 值为 0.0000）。于是我们借助 Stata 16.0 软件使用 Hansen（1999）的 Bootstrap 方法对三组数据分别进行门槛值检验①，门槛值检验结果如表 4-4 所示。

表 4-4　　　中部六省各类产业主导型地区门槛值检验结果

假设		第二产业主导型地区		
H0	H1	F 统计量	P 值	门槛值
无门槛	单门槛	15.14**	0.0467	39.35%
单门槛	双门槛	6.85**	0.0400	39.35%、61.78%
双门槛	三门槛	8.04	0.5367	—
H0	H1	第三产业主导型地区		
无门槛	单门槛	14.52	0.5367	43.29%
单门槛	双门槛	—	—	—
双门槛	三门槛	—	—	—
H0	H1	第二、第三产业交替主导型地区		
无门槛	单门槛	28.22***	0.0000	36.51%
单门槛	双门槛	4.86	0.8900	36.51%、44.34%
双门槛	三门槛	—	—	—

可以看到三组数据的门槛值检验结果存在较大差异，第二产业主导型的地区在双门槛检验过程中 F 统计量为 6.85 且在 5%的统计水平下显著，拒绝原假设存在单门槛，因此我们认为第二产业主导型的地区存在双门槛效应。而对于第三产业主导型的地区单门槛检验结果不显著（F 统计量为 14.52，P 值为 0.5367），门槛检验未通过，所以我们认为在该部分地区不存在门槛效应。最后再看第二、

---

① Hansen, B. E., "Threshold Effects in Non-dynamic Panels: Estimation, Testing, and Inference", *Journal of Econometrics*, Vol. 93, No. 2, 1999, pp. 345-368.

第三产业交替主导型的地区，单门槛检验 F 统计量为 28.22 且在 1% 的统计水平下显著，双门槛检验未通过（P 值为 0.8900，结果不显著），因此我们认为这类地区只存在单门槛效应。

二 门槛效应分析

基于三类地区门槛检验的结果，本书将对三组数据做回归，回归结果如表 4-5 所示。

表 4-5　　中部六省各类产业主导型地区回归结果

变量	（1）	（2）	（3）
inv	0.0647***	0.0308***	0.0747***
	(0.0192)	(0.0077)	(0.0254)
fdi	0.0835	-0.2455***	0.0043
	(0.1828)	(0.0341)	(0.0051)
edu	0.0058***	0.0024***	0.0021***
	(0.0008)	(0.0002)	(0.0003)
agr	-0.0079***	-0.0148***	-0.0455***
	(0.0011)	(0.0034)	(0.0052)
gov	-0.0075	0.0620	-0.0076
	(0.0313)	(0.0537)	(0.0053)
fin	0.1737***	0.0425***	0.3316***
	(0.0153)	(0.0066)	(0.0436)
iur_1	-0.1453**	-0.0959**	-0.1906***
	(0.0716)	(0.0445)	(0.0379)
iur_2	-0.0114**		-0.2801***
	(0.0049)		(0.0465)
iur_3	0.0254***		
	(0.0041)		
常数项	0.5015***	0.2042***	0.3225***
	(0.0292)	(0.0253)	(0.0282)
观测值	440	70	360

注：（1）、（2）、（3）分别代表第二产业主导型地区，第三产业主导型地区，第二、第三产业交替主导型地区的回归结果。其中（1）、（2）、（3）分别代表采取双门槛模型、固定效应面板线性模型、单门槛模型的回归结果。

基于表4-5的回归结果，在第三产业主导型地区，以门槛值检验结果为依据判别出就地城镇化水平影响城乡收入差距的门槛效应是不存在的，因此我们认为二者之间的影响是线性的。通过固定面板回归（豪斯曼检验拒绝原假设）分析二者之间的关系，固定面板回归结果见表4-5中列（2）。可以看到就地城镇化水平的系数为-0.0959且在5%的水平下显著，表明提升第三产业为主导的城市就地城镇化水平，对城乡间收入差距的缩小提供便利条件。

第二、第三产业交替主导型地区的回归结果显示：就地城镇化水平影响城乡收入差距的单门槛效应是存在的。第一阶段就地城镇化率低于36.51%时，就地城镇水平的提高会显著地减小城乡之间的收入差距（就地城镇化水平的系数为-0.1906且在1%的水平下显著）。第二阶段就地城镇化率高于36.51%时，持续提高就地城镇化水平，推动城乡收入差距缩减的作用更显著，即比第一阶段显著。

我们分析情况稍微复杂的第二产业主导型的地区，对于该类地区而言，就地城镇化水平在影响城乡居民收入差距方面的双门槛效应是存在的。第一阶段就地城镇化率比39.35%低时，系数值是-0.1453，在5%水平下显著，表明提升就地城镇化水平，可显著促进城乡居民收入差距的缩减；第二阶段当就地城镇化率大于39.35%且小于61.78%时，其系数为-0.0114且在5%的水平下显著，表明此阶段就地城镇化程度的提升，显著推动城乡居民收入差距的缩小，但该阶段的促进作用要明显弱于第一阶段；第三阶段当就地城镇化率超过61.78%时，其系数为0.0254且在1%的水平下显著，说明在该阶段就地城镇化率的提高会扩大城乡居民收入差距。通过比较以上三个阶段可以发现：就地城镇化率对城乡收入差距的影响呈现出先缩小后扩大的"U"形变化趋势。在第一阶段和第二阶段就地城镇化水平的变量系数均为负值且第一阶段数值明显小于第二阶段，而到了第三阶段其系数则为正值，表明处于第二产业主导型地区的就地城镇化水平在初期低于第一个门槛值时对缩小城乡收入差距的正向影响较为明显，随着就地城镇化水平的提高达到一定程度处于两个门槛值之间时，其对缩小城乡收入差距的促进作用相比较第一阶段显著减弱，而在第三阶段就地城镇化率越过第二个门槛值之后，就地城镇化水平的进一步提高对城乡收入差距的影响依然显著，但与前两个阶段结果不同的是，此时就地城镇化程度的增加却会扩大城乡之间的收入差距。我们对造成这两种相反结果的原因进行分析，一方面就地城镇化率的提高意味着农村从业人员就业非农化的比例上升，这将会对农村从业人员的增收具有直接促进作用，从而使城乡收入差距得以减小；另一方面就地城镇化所强调的是农村劳动力不通过人口迁徙流动而是通过就地非农化改造来实现城镇化。根据 Todaro 的理论，流动劳动力经由要素报酬均等化使城乡收入差距得以缩小[①]，即不流动的劳动力对城乡收入差距缩小造成阻碍，表明提高就地城镇化率可能将导致城乡收入差距的扩大。此外，在经济结构以第二产业为主导的地区，农村从业人员就业非农化的表现更加趋向于向制造业和建筑行业的转变，而往往这部分从业人员都属于底层工作者，后期阶段随着就业非农化程度的进一步增加将导致扩大城乡收入差距，这也解释了在第三产业主导型的地区却没有出现这类情况的原因。

三 其他变量分析

接下来我们再对三组回归的控制变量进行分析，从回归结果可以看到社会投资水平（inv）、人力资本水平（edu）、农业现代化水平（arg）、金融发展水平（fin）这四个控制变量在三组不同的回归中均在1%的水平下显著，社会投资水平（inv）、人力资本水平（edu）和金融发展水平（fin）系数均显著为正，而农业现代化水平系数显著为负，体现增加社会投资及提升金融发展水平，将使城乡收入差距扩大，农业现代化水平的提升有利于缩小城乡收入差距。

[①] Todaro, M. P., "Model of Labor Migration and Unemployment in Less Developed Countries", *American Economic Review*, Vol. 59, No. 1, 1969, pp. 138-148.

◇ 中部地区就地城镇化与产业发展研究

由于社会资本与金融资产都具有流向城市的偏好，城市在大量的社会资本的支撑下快速发展将会加大与农村之间的差距从而拉大城乡收入差距，而农业现代化程度的增加会直接促进农业的增收，因此会缩小农村居民与城镇居民的收入差距，上述结果和预计符合。人力资本水平（edu）变量代表区域劳动力受教育的情况显著是正，这说明教育水平的提高不利于缩小城乡收入差距。城镇就业者受教育程度和收入呈正比关系，受教育程度的增加会促进城镇居民收入的增加，极大限度使城乡收入差距扩大；另外，根据朱长存的研究结论，乡村就业人员受教育水平的提高会吸引这部分乡村从业人员向城市流动①，这将进一步加大城乡的收入差距。因此，地区的人力资本水平的提高会扩大城乡的收入差距。再看对外开放程度（fdi），在列（1）、列（3）组回归中该系数均不显著，但在列（2）回归中显著为负，说明在第三产业主导型地区对外开放程度的增加有利于缩小城乡差距，这与我们之前的预期不符，根据 Kim 的研究结论，当 FDI 流入农村时农村能够从 FDI 的流入中获得比城市更多的利益。② 于是我们猜想导致对外开放程度（fdi）显著为负的原因是 FDI 流入农村地区对农村经济发展的推动作用比 FDI 流入城市地区要大，尤其是在以贸易、服务行业为经济主导的地区这种改善差异越明显，因此，在第三产业主导型地区对外开放程度的增加很大程度上抑制了城乡收入差距的扩大。最后我们再观察政府干预程度（gov）变量，从三组回归的结果来看该变量系数符号各异且均不显著，表明政府干预没有显著地影响城乡收入差距，与本书的预期不符。原因是政府干预双向影响了城乡收入差距。政府追求经济增长时，财政支出带来的城市化倾向极其显著，城镇固定资产的投资比

---

① 朱长存等：《农村人力资本的广义外溢性与城乡收入差距》，《中国农村观察》2009 年第 4 期。

② Kim, J. H., et al., "The Interaction Effect of Tourism and Foreign Direct Investment on Urban-rural Income Disparity in China: A Comparison between Autonomous Regions and Other Provinces", *Current Issues in Tourism*, Vol. 23, No. 1, 2020, pp. 68–81.

第四章
不同产业主导下就地城镇化对城乡差距的影响

农村远远高出,从这一方面来看将扩大城乡收入差距;同时政府对一起颁布的扶农惠农政策予以干涉,基于某种程度使资源在城乡间不均衡配置等问题得以缓解,从这一角度来看将有利于城乡收入差距的缩减。政府的两种行为彼此作用,导致政府干预没有显著地影响城乡收入差距。

第四节 本章小结

本章通过对中部地区不同产业导向型城市的划分,将中部六省87个地级市(自治州)分成第二产业主导型,第三产业主导型和第二、第三产业交替主导型三类地区,借助门槛模型研究了2009—2018年三类产业主导型地区就地城镇化水平对城乡收入差距的影响,研究结论如下。

(1)在经济结构以第二产业为主导的地区,就地城镇化水平在影响城乡收入差距上的双门槛效应是显著的,在就地城镇化前期,其推动城乡收入差距缩减的作用较显著,中期的促进作用明显减弱且后期就地城镇化率达到一定水平后反而会产生抑制作用不利于缩小城乡收入差距,整体上看该影响呈现出先缩小后扩大的"U"形变化趋势。

(2)在第三产业主导的区域,就地城镇化水平对城乡收入差距的影响不存在门槛效应,但提升就地城镇化水平对收入差距减小的推动作用是显著的,第二、第三产业主导型区域的经济支柱分别是服务行业、建设制造业,农村大部分制造业建筑业从业人员都属于底层工作者,后期阶段随着就地城镇化率的提高会加大城乡收入差距,这也是两类地区就地城镇化水平对城乡收入差距影响存在差异性的原因。

(3)在第二、第三产业交替主导型地区,就地城镇化对城乡收入差距的影响存在单门槛效应,其中两个阶段就地城镇化水平的提高均可正向显著推动城乡收入差距的减小，且在就地城镇化第二阶段的促进作用要明显强于前期阶段。此类地区试图在第二产业与第三产业之间寻求一个均衡点，在不断优化产业结构以追求经济效益最大化的同时促进农村劳动力在行业间流动，减少结构性失业，从而缩小城乡之间的收入差距。

第五章

中部地区就地城镇化发展机理分析

　　经过几十年的发展，现阶段我国城镇化率逾60%，意味着城镇化已进入迅猛发展的时期，在这个历史的新时期，以往传统产业升级与转型、在资源环境方面存在的约束导致大中型城市很难对转移大规模的农业剩余劳动力予以承载；传统模式将工业作为主要的推动力，促进以农民进城作为主体的城镇化将使"城市病"及"农村病"衍生出来，同时上述现象日益显著。例如，农业抛荒及"三留守"等"农村病"现象在农村地区已是屡见不鲜，同时"城市病"严重地凸显出来，如拥堵的交通状况、在住房方面出现困难、严重地污染环境、雾霾等。由于我国中部地区集聚了大量的农村劳动力，传统城镇化所带来的一系列问题在中部地区尤为明显。在城镇化的践行历程中，现阶段采取的主要模式包括就地城镇化模式，即发挥乡镇工业的带动作用，农民"不离乡而离土"，还有就是传统模式，发挥城市大型工业的带动作用，农民"既离乡又离土"。相较于传统的迁徙城镇化模式，就地城镇化意味着农村中的人口不迁移至大中型城市，还是在原有居住地沿用以往的生活及生产模式，也就意味着从传统模式改变成现代模式。李小静指出，产业促进就地城镇化的内在原理和城镇化的驱动力规律是相匹配的。[①] 城镇化驱动力规律显示农业发展为建设城镇化提供初始的驱动力，在初始时期，农业发展形成推力且工业化形成拉力，变成上述阶段实现城镇化的主体动力。城镇化发展至后期，服务业等第三产业循序渐进地变成促进城镇化得到发展的主体驱动力。由于就地城镇化过程中的主体是农村劳动力，区域范围是农村，而产业又作为就地城镇化的核心驱动力，因此就地城镇化的过程中必然离不开农业的作用。我们认为，三大产业的发展对就地城镇化的作用机理主要体现在以下两个方面：一是农业本身进行细化的分离式发展即农业产业化；二是农业与工业、服务业等非农产业相结合的融合式发展。上述类型的发展产业模式归根结底是以农业为依托针对第二、第三产业加以发展的力度，将农业的基础性作用发挥出来，同时将第二产业动力的核心作用发挥出来，并把第三产业当作后续的驱动力，共同推动就地城镇化，使农村劳动力就地产业转移与切实转变生产生活方式。于是，本书针对农村劳动力聚集的中部地区，通过实证模型对三大产业在就地城镇化进程中的影响机理进行深入探究。

第一节　模型构建与变量选取

一　变量选取

本书基于2009—2018年中部六省87个地级市（自治州）的面板数据进行实证检验。在本书中，就地城镇化水平为被解释变量，用上文计算的就地城镇化率（IU）来表示，核心解释变量为产业产值（STR），我们分别用第一产业（PI）、第二产业（SI）和第三产业（TI）产值来表示。关于模型的控制变量，出于数据的可获取性

[①] 李小静等：《农村产业融合推动就地城镇化发展探析》，《农业经济》2017年第11期。

及可比较性的考虑，并借鉴现有的部分经典文献[1][2][3][4][5]，本书选取的控制变量如下。

1. 城乡收入差距（GAP）

冷智花等的研究显示城乡收入差距的扩大将会加快人口从农村向城市流动。[6] 因此我们认为，城乡收入差距的加大将不利于就地城镇化，对就地城镇化的进程可能会起到阻碍的作用，对该变量的系数估计结果预期为负值。现阶段大部分研究者采取城镇居民可支配人均收入与村民人均纯收入之比代表城乡收入差距。[7][8] 本书遵循上述做法，选取上述指标对城乡收入差距进行有效的衡量。为使源自价格因素方面的影响得以消除，本书利用2009—2018年度各地级市自治州城镇及农村居民的消费价格指数对城镇及农村居民人均可支配收入（纯收入）进行平减处理（基期是2009年）。

2. 教育资源状况（EDU）

中部地区配置、公共教育资源体制使人口及经济资源极化分布加剧，教育资源长期布局模式是城市办高等院校、省会办重点高等院校、县级办中学、乡镇级办中小学等，因此大中型城市与经济发达的地方集中了优势资源，在布局公共教育资源方面存在极其显著的极化态势。教育资源的配置状况导致流动人才现象显著，因此使

---

[1] 熊湘辉等：《中国新型城镇化水平及动力因素测度研究》，《数量经济技术经济研究》2018年第2期。

[2] 吴一凡等：《中国人口与土地城镇化时空耦合特征及驱动机制》，《地理学报》2018年第10期。

[3] 吴穹等：《产业结构调整与中国新型城镇化》，《城市发展研究》2018年第1期。

[4] 高金龙等：《中国县域土地城镇化的区域差异及其影响因素》，《地理学报》2018年第12期。

[5] 周亮等：《中国城镇化与经济增长的耦合协调发展及影响因素》，《经济地理》2019年第6期。

[6] 冷智花等：《收入差距与人口迁移——人口学视角的城市化动因研究》，《重庆大学学报》（社会科学版）2015年第6期。

[7] 范子英等：《法治强化能够促进污染治理吗？——来自环保法庭设立的证据》，《经济研究》2019年第3期。

[8] 孔令丞等：《省级开发区升格改善了城市经济效率吗？——来自异质性开发区的准实验证据》，《管理世界》2021年第1期。

中部经济欠发达的地区中的智力资本被抽空,为中部地区的人口就地城镇化制造了阻碍。本书选取了高校专任教师数作为代理变量,对该变量的系数估计结果预期为负。

3. 政府支持力度(GOV)

我国城镇化极大限度地遭遇政府干涉因素的影响。可用在政府财政支出中支农所占比例情况代表政府支持农村经济发展的相应力度,我们认为政府对农村的扶持力度越大,则越有利于乡村居民留在本地就业,对就地城镇化的进程起到了促进作用,该变量的系数估计结果预期为正。

4. 交通便捷程度(TRA)

一个地区的城乡之间的交通便利性很大程度会加速城乡之间的人口流动,越是发达、便利、完善的城乡交通条件,乡村地区人口出行的吸引力就越强,从就地城镇化的角度来看这有利于乡村人口向城市流动不利于就地城镇化,对乡村居民的就地就业会有一定的阻碍作用。对于各地级市(自治州)城乡交通便捷程度的数据获取较困难,我们用城市道路面积比率(城市道路用地总面积占该地区总面积的比例)作为代理变量。

5. 地区医疗水平(MED)

由于城乡之间本身在医疗水平上存在较大的差距,大多数好的医疗条件都集中在城市,同时城市的医疗资源要远丰富于农村,这使乡村人口更加倾向于到城镇享受更高的医疗水平。从医疗条件的角度来看,城市的医疗水平越高,吸引农村居民流向城镇的力度就越强,这将不利于农村劳动力的就地转移,本书用各地级市(自治州)平均每千人拥有执业医师数量来代表地区的医疗水平。

考虑到数据间可能存在较大波动和异方差,对所有变量均取对数处理(以上解释变量和控制变量的数据均来源于《中国城市统计年鉴》和中部六省各省市统计年鉴)。

二 模型构建

为了研究不同类型的产业在就地城镇化进程中的影响机理,我们对三大产业对就地城镇化水平影响进行实证分析与比较，建立如下基本计量模型：

$$\ln IU_{it} = \mu + \theta_1 \ln STR_{it} + \theta_2 \ln GAP_{it} + \theta_3 \ln EDU_{it} + \theta_4 \ln GOV_{it} + \theta_5 \ln TRA_{it} + \theta_6 \ln MED_{it} + \varepsilon_{it} \quad (5-1)$$

其中，μ 与 θ 以及 ε_{it} 分别代表常数项、各变量系数、随机误差项；下标 i 与 t 分别代表地区及时间；被解释变量 IU 代表就地城镇化水平；核心解释变量 STR 为产业产值；控制变量分别为城乡收入差距（GAP）、教育资源（EDU）、政府支持力度（GOV）、交通便捷程度（TRA）、医疗水平（MED）。

就地城镇化水平有可能使滞后效应产生，以式（5-1）为基础将就地城镇化水平一阶滞后项引入，将动态面板模型构建为：

$$\ln IU_{it} = \mu + \theta_0 \ln IU_{it-1} + \theta_1 \ln STR_{it} + \theta_2 \ln GAP_{it} + \theta_3 \ln EDU_{it} + \theta_4 \ln GOV_{it} + \theta_5 \ln TRA_{it} + \theta_6 \ln MED_{it} + \varepsilon_{it} \quad (5-2)$$

根据产业分类（解释变量）的不同，本书将动态面板模型分成以下三组，考虑到农业与非农产业对就地城镇化的共同作用，我们在模型中引入了第一产业与第二产业、第一产业与第三产业的交互项：

$$\ln IU_{it} = \mu + \theta_0 \ln IU_{it-1} + \theta_1 \ln PI_{it} + \lambda_1 \ln PI_{it} \times \ln SI_{it} + \lambda_2 \ln PI_{it} \times \ln TI_{it} + \theta_2 \ln GAP_{it} + \theta_3 \ln EDU_{it} + \theta_4 \ln GOV_{it} + \theta_5 \ln TRA_{it} + \theta_6 \ln MED_{it} + \varepsilon_{it} \quad (5-3)$$

$$\ln IU_{it} = \mu + \theta_0 \ln IU_{it-1} + \theta_1 \ln SI_{it} + \lambda \ln PI_{it} \times \ln TI_{it} + \theta_2 \ln GAP_{it} + \theta_3 \ln EDU_{it} + \theta_4 \ln GOV_{it} + \theta_5 \ln TRA_{it} + \theta_6 \ln MED_{it} + \varepsilon_{it} \quad (5-4)$$

$$\ln IU_{it} = \mu + \theta_0 \ln IU_{it-1} + \theta_1 \ln TI_{it} + \lambda \ln PI_{it} \times \ln TI_{it} + \theta_2 \ln GAP_{it} + \theta_3 \ln EDU_{it} + \theta_4 \ln GOV_{it} + \theta_5 \ln TRA_{it} + \theta_6 \ln MED_{it} + \varepsilon_{it} \quad (5-5)$$

在模型（5-3）、模型（5-4）、模型（5-5）中，PI、SI、TI 分别为第一、第二、第三产业产值，$\ln PI \times \ln SI$ 和 $\ln PI \times \ln TI$ 为交互项。

三 豪斯曼检验

通常情况我们都是对面板模型采用最小二乘估计（OLS），但产业对就地城镇化率的影响可能存在内生性问题，特别是由于面板模型考察的被解释变量是基于第三部分的公式计算所得，测度被解释变量时存在偏误的可能性；其次，产业结构与就地城镇化水平之间可能存在相互影响，解释及被解释变量互成因果关系，极大限度地导致内生性产生。

表 5-1　　　　　　　　豪斯曼检验结果

	模型（5-3）	模型（5-4）	模型（5-5）
统计量	3.42	2.98	0.00
P 值	0.0645	0.0844	0.9558

基于以上考虑，为了尽可能地降低内生性问题所带来的影响，本书将考虑引入工具变量法进行估计，在引入工具变量之前我们先检验解释变量的内生性，分别对以第一产业产值（PI）、第二产业产值（SI）、第三产业产值（TI）为解释变量的三组模型进行 Hausman 检验（见表5-1），结果为模型（5-3）、模型（5-4）拒绝原假设，模型（5-5）接受原假设。参考 Arellano 和 Bond 提出的系统广义矩估计法（System GMM，SGMM）[1][2]，对于模型（5-3）、模型（5-4）我们利用被解释变量（IU）的滞后2期当作工具变量，采取动态面板 GMM 估计两步系统 GMM 方法（two-step system GMM），对模型（5-5）我们采用动态面板 OLS 估计。

假设有 n 个来自某统计模型的观测值 $\{z_1, z_2, \cdots, z_n\}$，并且知道下列 q 个矩（moment）条件成立，

$$E[m_1(z_i, \theta)] = 0, \cdots, E[m_q(z_i, \theta)] = 0 \qquad (5-6)$$

其中，θ 是一个关于该统计模型的 p 维未知参数。另外，定义 $m_1(z_i, \theta) = [m_1(z_i, \theta), \cdots, m_q(z_i, \theta)]'$ 成关于 θ 的 q 维矩函数。

---

[1] Arellano, M., et al., "Another Look at the Instrumental Variable Estimation of Error-Components Models", *CEP Discussion Papers*, Vol. 68, No. 1, 1990, pp. 29-51.

[2] Bond, B. S., "Initial Conditions and Moment Restrictions in Dynamic Panel Data Models", *Journal of Econometrics*, Vol. 87, No. 1, November 1998, pp. 115-143.

所以，有条件：

$$E[m(z_i, \theta)] = 0 \tag{5-7}$$

给定一个 $q×q$ 的权重矩阵 W，自然有：

$$E[m(z_i, \theta)]'Wm(z_i, \theta) = 0 \tag{5-8}$$

由此，关于未知参数 θ 的 GMM 估计量 $\hat{\theta}$ 是：

$$\hat{\theta} = \underset{\theta \in \Theta}{\operatorname{argmin}} \sum_{i=1}^{n} m(z_i, \theta)'Wm(z_i, \theta) \tag{5-9}$$

其中，Θ 是参数 θ 的取值空间。

第二节 实证分析

基于以上模型的构建和估计方法的确定，本书接下来对2009—2018年中部六省87个地级市（自治州）的面板数据进行实证检验。为了避免共线性问题，同时增强结果的稳健性，本书采取逐步回归法将相关变量依次引入回归，模型（5-3）、模型（5-4）、模型（5-5）对应的回归结果分别是表5-2、表5-3、表5-4，在表5-2和表5-3中引入 OLS 及 GMM 估计的结果加以比较。

一 第一产业对就地城镇化的影响分析

从表5-2可知，两步系统 GMM 的萨甘统计量（Sargan）的 P 值为0.707，不能拒绝工具变量有效的原假设。同时残差自相关检验 AR（1）和 AR（2）的 P 值是0.014与0.419，五组回归方程一阶序列相关显著且无二阶相关，表明所选择的工具变量具有合理性。表5-2中列（1）至列（5）五组回归模型对就地城镇化率滞后项的估计系数分别为0.3852、0.3630、0.3178、0.2967、0.2944，且均显著，这充分说明被解释变量滞后效应显著。通过动态面板模型对我国就地城镇化进行研究是极其存在必要性的。本书选择表5-2中的列（5）回归结果加以研究，进而全面地探究相关变量影响就地城镇化的情况。

表 5-2　　　　　　　　模型（5-3）逐步回归结果

变量	GMM					OLS
	（1）	（2）	（3）	（4）	（5）	（6）
L1.lnIU	0.3852***	0.3630***	0.3178***	0.2967**	0.2944***	0.2456***
	(0.1326)	(0.1031)	(0.1106)	(0.1452)	(0.1026)	(0.0807)
lnPI	-0.0161***	0.01738***	-0.0192**	-0.0257***	-0.0251***	-0.0681
	(0.0029)	(0.0041)	(0.0083)	(0.0051)	(0.0054)	(0.0759)
lnPI×lnSI	0.0799**	0.0701***	0.0730***	0.0664**	0.0588**	0.0534***
	(0.0380)	(0.0234)	(0.0211)	(0.0319)	(0.0281)	(0.0139)
lnPI×lnTI	0.1066***	0.1196**	0.0947***	0.0881***	0.0835***	-0.0528
	(0.0274)	(0.0602)	(0.0311)	(0.0308)	(0.0261)	(0.0845)
lnGAP	-1.1748***	-0.8252***	-0.5361***	-0.5357***	-0.4920***	-0.3166***
	(0.1205)	(0.1690)	(0.1501)	(0.1624)	(0.1439)	(0.0531)
lnEDU		0.0045	0.0069	0.0140	0.0088	0.0145
		(0.0039)	(0.0046)	(0.0801)	(0.0087)	(0.0253)
lnGOV			0.1511***	0.1883*	0.2286***	0.4522*
			(0.0624)	(0.1080)	(0.0712)	(0.2660)
lnTRA				-0.0412***	-0.0331***	-0.0382
				(0.0151)	(0.0079)	(0.0457)
lnMED					-0.0657***	-0.1863
					(0.0187)	(0.3329)
N	850	850	850	850	850	860
AR（1）	0.004	0.004	0.006	0.009	0.014	—
AR（2）	0.580	0.667	0.599	0.481	0.419	—
Sargan	0.791	0.658	0.883	0.698	0.707	—

注：***、**、*分别代表系数在1%、5%、10%水平下显著，括号内为系数的标准误；下同。

从列（5）回归结果来看，核心解释变量第一产业（lnPI）的系数为-0.0251，且在1%的水平下显著，说明第一产业产值的增加会导致就地城镇化率的降低。第一产业以农业为主，在国民经济中

第五章
中部地区就地城镇化发展机理分析

随着农业产值的提高，意味着从事农业生产的就业人员也在增加，从就业非农化的角度来看这是不利于农村居民的非农化就业，这也就解释了第一产业产值的上升所带来的影响是就地城镇化水平的下降。该结果与一些学者的观点有所不同，一些研究成果指出农业的发展会促进就地城镇化发展[①][②]，这种促进作用主要体现在两个方面，一方面是农业通过集群式的产业化发展出现了农业生产、加工、销售、服务集群等集群综合体，一些农村劳动力由农业领域得以分离且从事非农产业，形成农业与非农产业的融合的局面，促进了农村劳动力转移就业和城镇化均衡发展；另一方面农业推动就地城镇化发展并不是直接作用，而是以现代农业的形式间接体现的。其实归根结底来说农业现代化促使了产业分工的进一步细化形成了非农产业的分离，进而推动了非农产业的发展，最终还是通过农村劳动力向第二、第三产业的转移来影响城镇化的进程。上述两个方面的作用我们可以从表5-2中的交互项系数得以证实，交互项 $lnPI \times lnSI$ 和 $lnPI \times lnTI$ 的系数分别为 0.0588 和 0.0835，在5%和1%的水平下显著，这说明在农业与非农产业（第二、第三产业）的共同作用下就地城镇化水平得以提升，同时 $lnPI$ 的系数显著为负，这也就意味着农业的发展对就地城镇化水平的提高并未起到直接的促进作用，而是在农业与非农产业融合发展或农业通过非农产业间接作用于就地城镇化的情况下，农业的发展才会对推动就地城镇化进程起到显著的成效。基于以上分析可见，对就地城镇化而言单纯地发展农业并不能起到直接的推动作用，相反的对就地城镇化的发展还会产生一些负面作用。想要通过农业来推动就地城镇化的进程本质上还是需要从农业中分离出一部分非农产业，促进农村劳动力的就地转移进行非农化就业。

---

① 杨卫忠：《农业转移人口就地城镇化的战略思考》，《农业经济问题》2018年第1期。

② 叶松等：《新型农业科技创新对就地城镇化促进作用研究》，《科学管理研究》2016年第6期。

二 第二产业对就地城镇化的影响分析

我们再分析第二产业对就地城镇化的影响，从表5-3可以看到，两步系统 GMM 的萨甘统计量（Sargan）的 P 值为 0.741，针对工具变量有效的原假设没有加以拒绝。残差自相关检验 AR（1）与 AR（2）中的 P 值是 0.032 与 0.444，五组回归方程一阶序列相关显著且二阶序列相关不存在，表明所选择的工具变量具有一定的合理性。表5-3中列（1）至列（5）五组回归模型对就地城镇化率滞后项的估计系数分别为 0.6599、0.5913、0.5118、0.5402、0.4579，且均显著，同样地说明在该模型中被解释变量存在显著的滞后效应，我们也选取表5-3中列（5）回归结果进行分析。

表5-3　　　　　　　模型（5-4）逐步回归结果

变量	GMM					OLS
	（1）	（2）	（3）	（4）	（5）	（6）
L1.lnIU	0.6599***	0.5913***	0.5118**	0.5402*	0.4579**	0.4164***
	(0.1338)	(0.1278)	(0.2699)	(0.3016)	(0.2180)	(0.1073)
lnSI	0.1417**	0.1369***	0.1173**	0.0955***	0.0836***	0.0053
	(0.0693)	(0.0403)	(0.0587)	(0.0150)	(0.0186)	(0.0097)
lnPI×lnSI	2.3128***	1.6069***	1.2684***	1.2437***	1.0978***	0.8785*
	(0.4091)	(0.3850)	(0.2795)	(0.3113)	(0.3459)	(0.4801)
lnGAP	-5.0272***	-4.9453***	-4.2475***	-3.5584***	-2.4998***	-2.5564***
	(0.5159)	(0.5866)	(0.8962)	(0.7033)	(0.5731)	(0.4652)
lnEDU		0.0348	0.0167	0.0059	0.0104	0.0045
		(0.0706)	(0.0158)	(0.0045)	(0.0200)	(0.0071)
lnGOV			0.7436**	0.7285***	0.6996***	0.8553***
			(0.3611)	(0.1123)	(0.1559)	(0.2165)
lnTRA				-0.0300***	-0.0296*	-0.1205
				(0.0106)	(0.0157)	(0.0443)
lnMED					-0.1382***	-0.0056
					(0.0303)	(0.0104)

续表

变量	GMM					OLS
	（1）	（2）	（3）	（4）	（5）	（6）
N	850	850	850	850	850	860
AR（1）	0.007	0.007	0.012	0.009	0.032	—
AR（2）	0.731	0.805	0.683	0.720	0.444	—
$Sargan$	0.914	0.847	0.862	0.737	0.741	—

从表5-3中列（5）回归的结果来看，第二产业产值（SI）的系数为0.0836且在1%的水平下显著，说明在国民经济中第二产业产值的增加对就地城镇化的进程具有明显的促进作用。直观上理解，第二产业产值的增加会直接导致非农业产业所提供就业机会的增加，这也就意味着随着工业化进程的推进，就地城镇化的水平将会出现显著的上升趋势。这一结果与目前较多学者的观点相似，大多数研究都认为城镇化的进程主要依托工业的发展来驱动。工业发展促进就地城镇化的作用表现在以下方面：第一，使农村生产的方式得以改变，进而快速地提高了农业劳动的生产率，为就地城镇化提供相应的生产要素；第二，随着工业化的逐步推进在农村会形成农业与工业融合发展的新局面[1][2]，而工业又作为巨大的就业容纳器，这将有利于农村劳动力的就地非农化就业，进而推动就地城镇化的发展。同时，我们还可以在表5-3中看到第二产业和第一产业的交互项系数为1.0978且在1%的水平下显著，说明工业和农业的共同发展也有利于推动就地城镇化的进程。总的来说，工业推动就地城镇化发展所起的作用既会有直接作用也会有与农业交融发展所产生的作用。

---

[1] 余涛：《农村一二三产业融合发展的评价及分析》，《宏观经济研究》2020年第11期。

[2] 苏毅清等：《农村一二三产业融合发展：理论探讨、现状分析与对策建议》，《中国软科学》2016年第8期。

三 第三产业对就地城镇化的影响分析

关于第三产业对就地城镇化水平的影响，根据表 5-1 中内生性检验的结果，我们对模型（5-5）采用了 OLS 估计，估计结果如表 5-4 所示，在表 5-4 中列（1）至列（5）五组回归模型对就地城镇化率滞后项的估计系数分别为 0.1916、0.1632、0.1132、0.1524、0.1335，且均在 1% 的水平下显著，同样地说明在该模型中被解释变量存在显著的滞后效应，我们也选取表 5-4 中列（5）回归结果进行分析。

表 5-4　　　　　　模型（5-5）逐步回归结果

	（1）	（2）	（3）	（4）	（5）
L1.lnIU	0.1916***	0.1632***	0.1132***	0.1524***	0.1335***
	(0.0293)	(0.0347)	(0.0326)	(0.0391)	(0.0286)
lnTI	0.1228***	0.1195***	0.0956***	0.0932***	0.0728***
	(0.0217)	(0.0274)	(0.0230)	(0.0311)	(0.0206)
lnPI×lnTI	2.5369***	2.4017**	2.3576***	2.0530***	1.8649***
	(0.8001)	(1.3124)	(0.5070)	(0.6861)	(0.6475)
lnGAP	-5.5865***	-5.4569***	-5.6339***	-4.4449***	-4.1866***
	(0.4402)	(0.8419)	(1.2083)	(1.1545)	(1.0734)
lnEDU		0.0050	0.0787	0.0205	0.0191
		(0.0062)	(0.0939)	(0.0458)	(0.0275)
lnGOV			0.1056***	0.0946***	0.0775**
			(0.0312)	(0.0188)	(0.0354)
lnTRA				-0.0407***	-0.0261***
				(0.0040)	(0.0058)
lnMED					-0.1255***
					(0.0349)
N	860	860	860	860	860

可以看到第三产业产值（TI）的系数为 0.0728 且在 1% 的水平下显著，说明在国民经济中第三产业产值的增加对就地城镇化的推

进具有显著的正向作用。目前较多的研究认为，第三产业在乡村地区范围内所产生的影响主要是通过服务业和旅游业来体现的，尤其是农业与旅游业相结合所形成的休闲农业。[①][②][③] 从表5-4中第一产业和第三产业的交互项系数来看，第一产业和第三产业相结合发展确实对推动就地城镇化进程起到了显著的作用（$lnPI×lnTI$的系数为1.8649且在1%的水平下显著）。因此，第三产业对就地城镇化的影响我们将其归结为乡村服务行业和乡村旅游业对乡村人口就业与生活的影响，大力发展乡村旅游业，开展服务业，使城乡间的人力与物质增强交流与互动，使农业与农民以及农村的封闭状态得到相对打破，推动农民转变生活方式，并且将生产的理念予以更新换代，加快城镇化。由于乡村旅游业得到快速发展，可为发展农村经济、加强基础设施建设发挥带动性作用，于是农村的人口在故土中还可实现市民化，享受市民的富足愉悦生活；同时乡村旅游业为劳动密集型的产业，可增加就业的层次，同时牵涉广泛的范畴，以上述产业为依托，可对诸多的农村剩余劳动力予以吸纳与融合，从而实现就地非农化及城镇化，能够发动女性、老年劳动力适宜且薄弱的力量，使劳动力实现多元就业，为就地转移农村剩余劳动力提供发展的新途径。

四 三组回归结果对比

我们将模型（5-3）、模型（5-4）和模型（5-5）回归的最终结果进行对比（见表5-5），从表5-5中可以看到，在三组回归中各控制变量的符号均相同，城乡收入差距（GAP）、交通便捷程度（TRA）和地区医疗水平（MED）系数显著为负，扩大城乡收入差距对农村劳动力就地就业造成了阻碍，如果差距比较大，将使农村

---

① 刘海洋等：《农村一二三产业融合发展的案例研究》，《经济纵横》2016年第10期。
② 胡鞍钢等：《乡村旅游：从农业到服务业的跨越之路》，《理论探索》2017年第4期。
③ 黎新伍等：《基于新发展理念的农业高质量发展水平测度及其空间分布特征研究》，《江西财经大学学报》2020年第6期。

劳动力存在向城市探寻就业机会的倾向性。交通日益便捷，使城乡间人口的流动成本得以缩减，这将更有利于农村劳动力向城市迁徙，因此交通的便捷性反而对农村劳动力在农村的就地转移产生了一定程度的阻碍作用。陈卫指出，开通高铁站点能够使站点所处城市的城镇化速度得以提高，且发挥的推动性作用在中小城市中更显著[1]，这与交通便捷程度系数为负相符合。对于地区医疗水平这一控制变量，一个区域内大多数好的医疗资源和先进的医疗技术都集中在城市而不是农村，相比于农村而言城市的医疗条件具有绝对明显的优势，这对农村劳动力流向城市具有很大的吸引力，也就解释了地区医疗水平变量系数显著为负的原因。

表 5-5　　三组回归结果对比

变量	(1)	(2)	(3)
L1.lnIU	0.2944*** (0.1026)	0.4579** (0.2180)	0.1335*** (0.0286)
lnPI	-0.0251*** (0.0054)		
lnSI		0.0836*** (0.0186)	
lnTI			0.0728*** (0.0206)
lnPI×lnSI	0.0588** (0.0281)	1.0978*** (0.3459)	
lnPI×lnTI	0.0835*** (0.0261)		1.8649*** (0.6475)
lnGAP	-0.4920*** (0.1439)	-2.4998*** (0.5731)	-4.1866*** (1.0734)

---

[1]　陈卫等：《高铁对中国城镇化发展的影响》，《人口研究》2020年第3期。

续表

变量	(1)	(2)	(3)
lnEDU	0.0088 (0.0087)	0.0104 (0.0200)	0.0191 (0.0275)
lnGOV	0.2286*** (0.0712)	0.6996*** (0.1559)	0.0775** (0.0354)
lnTRA	-0.0331*** (0.0079)	-0.0296* (0.0157)	-0.0261*** (0.0058)
lnMED	-0.0657*** (0.0187)	-0.1382*** (0.0303)	-0.1255*** (0.0349)
N	850	850	860
AR(1)	0.014	0.032	—
AR(2)	0.419	0.444	—
Sargan	0.707	0.741	—

再看政府支持力度（GOV），该变量系数均在1%的水平下显著为正，政府加大对农村地区的支持力度，使农村居民条件得以改善并且收入得以提高，有利于农村居民留在本地进行就业，说明政府对农村的扶持对就地城镇化起到了显著的促进作用，这与我们的预期相符。教育资源状况（EDU）的变量系数为正但不显著，这与我们的预期不符，本书给出的解释是由于该变量是通过高等学校的教育资源状况来表示，而高等学校的教育资源与基础教育资源在对人口流动的影响上存在较大差异，高等教育资源对大多数人选择在农村就业还是城市就业并未产生明显倾向性。因此在本书中教育资源状况对就地城镇化的影响不显著。

综合以上分析我们得到了三大产业对就地城镇化进程的影响机理如图5-1所示。

在图5-1中虚线箭头代表两类产业的融合式发展，实现箭头代表产业对就地城镇化的影响，其中，"+"表示正向影响，"-"表示负向影响。可以看到，第一产业本身对就地城镇化的进程显现出

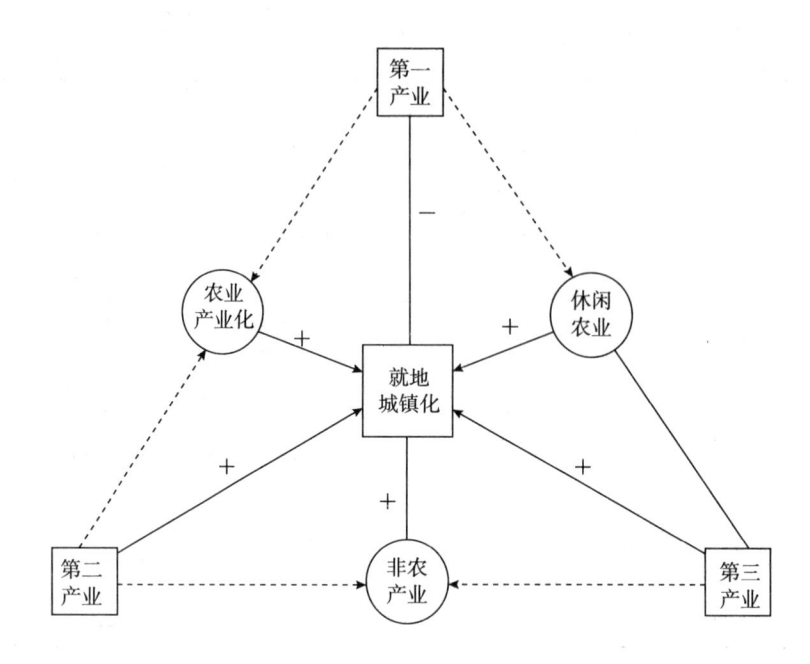

图 5-1 三大产业对就地城镇化进程影响机理

负向效应，但与第二产业、第三产业融合发展形成农业产业化和发展休闲农业后对就地城镇化表现为正向影响；第二、第三产业本身对就地城镇化的影响就体现为正向影响，从本质上来看二者相结合的发展对就地城镇化的进程的影响同样为正向效应。对比三大产业对就地城镇化进程的影响强弱，可通过表5-5回归结果中 $\ln SI$、$\ln PI$、$\ln TI$ 的系数绝对值大小进行比较，可以看到，第二产业对就地城镇化的影响最强（$\ln SI$ 的系数为 0.0836），第三产业的影响作用次之（$\ln TI$ 的系数为 0.0728），第一产业的影响最弱（$\ln PI$ 的系数为 -0.0251）。

第三节 本章小结

本章利用 2009—2018 年中部地区 87 个地级市（自治州）的面板数据，基于第四章所计算的中部六省各地区的就地城镇化率，通过系统 GMM 估计和 OLS 估计研究三大产业对就地城镇化进程的影响机理，得到以下几点结论。

（1）单纯的农业发展对就地城镇化进程的推动并未起到直接地促进作用，相反的对就地城镇化的发展还会产生一些负面作用。在农业与非农产业融合发展或农业通过非农产业间接作用于就地城镇化的情况下，农业的发展才会对推动就地城镇化进程起到显著的成效。通过农业来推动就地城镇化的进程本质上还是需要从农业中分离出一部分非农产业，推动农村劳动力实现就地的非农化就业。

（2）第二产业产值的增加会直接导致非农业产业所提供就业机会的增加，这对就地城镇化进程具有显著的推动作用，这种推动作用主要表现在两个方面，第一，大力发展工业，使村民改变生产方式，进而提高劳动的生产率，为就地城镇化提供相应的生产要素；第二，在农村地区融合农业及工业，有利于农村劳动力的就地非农化就业，从而促进了就地城镇化水平的提高。

（3）第三产业产值的增加对就地城镇化的推进具有显著的正向作用。我们将该作用归结为乡村服务行业和乡村旅游业对乡村人口就业与生活的影响，这种影响同样从以下内容中体现出来：一方面，乡村服务业和旅游业的发展能够促进城乡之间人员与物质的交流，打破农业、农民相对封闭状态，促进农民生活、生产观念的城镇化和现代化；另一方面，乡村服务业、乡村旅游业属于劳动密集型产业，就业层次多，涉及面广，可以吸纳大量的农村剩余劳动力就地非农化，实现劳动力多元化就业，加快农村剩余劳动力的就地转移。

第六章

新型城镇化背景下就地城镇化的发展路径

在第五章中笔者分析了影响就地城镇化的内部机理——产业，本章将从就地城镇化的外部因素分析就地城镇化的发展路径，从新型城镇化的相关政策为出发点，分析在新型城镇化背景下的就地城镇化发展情况，以内外结合的方式对中部地区就地城镇化进行研究。

根据《中华人民共和国 2020 年国民经济和社会发展统计公报》的数据显示，2020 年国家常住人口的城镇化率逾 60%，人口数量逾 8 亿，根据目标还需要转移约 1 亿农业人口，并且在城镇中落户。然而实际的情况不容乐观，我国城市在环境与资源能源方面的承载力存在一定的上限，对上述数量的人口根本无法容纳。改革后农村经济得到迅速发展，大幅度地提高农业机械化及现代化的水平，为农村从内至外实现城镇化提供空间与经济方面的有力保障。基于上述情况，需改变以往发挥城市中心作用的异地城镇化模式，使村民实现就地城镇化，也就意味着在户籍所在地进行就业。就地城镇化是新型城镇化模式的创新举措，也是新型城镇化建设的必然选择和发展趋势。

对比于传统城镇化模式，新型城镇化与国家基本国情相符合。就地城镇化是实现新型城镇化的主要渠道，使传统模式的不足与缺

第六章
新型城镇化背景下就地城镇化的发展路径

陷得到有效的弥补,其作用体现于以下几个层面:第一,弥补传统模式中的生态环境方面的缺陷与不足。新型城镇化建设对打造人和自然和谐发展的环境高度重视,把田园城市建设与打造出来,这和传统的城市景象存在本质上的区别,发展就地城镇化可对克服传统城市在生态方面的不足发挥重要的辅助性作用,为"美丽中国"的建设奠定基础。第二,更好地改进与完善城乡的关系。基于统筹发展城乡的时代背景,传统的城镇化模式对城乡差距的减小造成了一定程度的阻碍,甚至使城乡差距加大,形成二元分割的城乡模式。新型城镇化使农村的资源得到充分的运用与激发,以提升农民的综合素质为基础,极大程度地改进与完善城乡的关系。第三,城市地区的"城市病"等问题得到有效的缓解。目前城市在交通方面拥堵现象极其严重,同时还较大程度地污染了生态环境,这些"城市病"极大程度地困扰了在城市中生活的居民,使城市可持续发展遭遇严重的影响。只是片面而单一地扩大城市规模来发展经济显而易见地缺乏科学合理性,大城市集聚程度加剧,将循序渐进地给城市增加诸多压力与负担。因此,需要缓解城市的负担,以统筹城乡发展为出发点优化健全城镇体系。就地城镇化为小城镇发展提供便利条件,同时有效地缓解大城市的负担与压力。本章接下来将针对《国家新型城镇化规划(2014—2020年)》在我国中部地区就地城镇化进程中的政策影响(实施效果)展开研究,探究在新型城镇化政策的引导下就地城镇化的发展路径。

第一节 模型设计与变量说明

一 模型构建

国家新型城镇化综合试点地区作为《国家新型城镇化规划(2014—2020年)》的重要贯彻落实,为了检验《国家新型城镇化规划(2014—2020年)》对中部地区就地城镇化进程的影响,本书通过比较中部地区就地城镇化水平在设立国家新型城镇化综合试点地区（以下简称新型城镇化试点地区）前后的差异，以此来判断国家新型城镇化规划政策对就地城镇化的作用。同时，我们考虑到在新型城镇化试点地区设立的前后，还有很多其他因素会影响就地城镇化的水平，此外，同一时期出台的其他政策也可能使那些未设立新型城镇化试点地区的城市获得发展，这些因素无疑都会对就地城镇化进程产生重要的影响，从而影响政策的评估结果。本书以"双重差分"思想为参考，有效地设计出"准自然实验"，把施行与未施行规划政策的地级市（自治州）分别作为实验组与对照组，由此通过计算两者在新型城镇化试点地区设立前后的"双重差"来有效检验试点地区对就地城镇化发展的"净"影响。

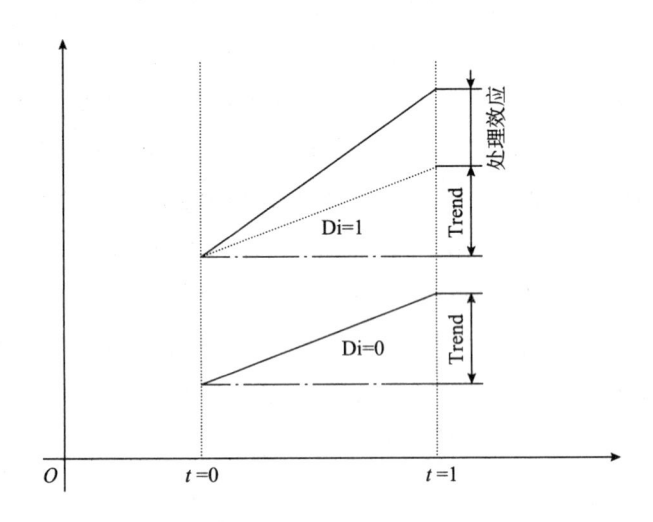

图 6-1 双重差分原理

本书中部地区的 87 个地级市样本中，截至 2018 年，有 52 个地级市（自治州）先后获批国家新型城镇化试点地区，为本书提供优化的"准自然实验"，从而更好地采用与施行双重差分法。具体而言，本书样本中包括 52 个地级市获批试点新型城镇化区域，于是将其作为处理组，其他未获批的 35 个为对照组。国务院在批复试点新

第六章
新型城镇化背景下就地城镇化的发展路径

型城镇化区域的时候采用分期形式,中部地区在 2015 年批复合肥市、武汉市、长沙市等 40 个地级市,2016 年批复湘潭、萍乡、赣州等 12 个地级市。充分地考虑到各区域试点新型城镇化的时间是不同的。以不同的获批试点区域时间为依据,本书构造以下双向固定效应的多期双重差分(Time-varying DID),也被称为多时点 DID 或异时 DID,检验新型城镇化试点地区对就地城镇化的净效应。模型设定如下:

$$y_{i,t} = \alpha + \mu_i + \lambda_t + \theta DID_{i,t} + \beta X_{i,t} + \varepsilon_{i,t} \qquad (6-1)$$

其中,$y_{i,t}$ 为被解释变量;i($i = 1, \cdots, N$)表示个体;t($t = 1, \cdots, T$)表示时间;DID 为核心解释变量,用 $treat_i \times post_{i,t}$ 来表示;$treat_i$ 为处理组虚拟变量,若个体 i 属于受到政策冲击的"处理组",则取值为 1;若个体 i 属于未受到政策冲击的"控制组",取值为 0。$post_{i,t}$ 为处理期虚拟变量,处理组的个体也只有到了处理期才会受到政策冲击(之前未受到冲击),若个体 i 进入处理期取值为 1;否则,取值为 0。交乘项的系数 θ 为本书关心的处理效应,若 $\theta > 0$,我们则认为新型城镇化试点地区对就地城镇化的进程具有促进作用。μ_i 与 λ_t 分别代表个体固定效应和时间固定效应;$X_{i,t}$ 代表随着时间和个体改变的控制变量;β 与 $\varepsilon_{i,t}$ 分别代表控制变量系数及模型的误差项。

二 变量说明

本书研究的重点是新型城镇化试点地区的设立对就地城镇化进程的作用,并对试点地区影响就地城镇化水平的地区差异性进行分析。除此之外,考虑到其他因素也会影响就地城镇化进程,本书引入了一些控制变量。

被解释变量为就地城镇化水平,本书通过就地城镇化率来表示就地城镇化水平,就地城镇化率的计算根据本书第四章的式(4-1)获得。核心解释变量为新型城镇化试点地区的政策虚拟变量(DID)。由于新型城镇化试点地区的设立并非同一时间完成,而是分散在不同时间点进行。根据试点地区设立的时间,将试点地区设立之前的所有年份设为 0（$DID = 0$），试点地区设立当年及之后的所有年份设为 1（$DID = 1$）。2015 年，中部地区共有 40 个地级市获批国家新型城镇化试点地区，2016 年批复 12 个地级市。中部地区合计 52 个地级市设立新型城镇化试点地区，这些地区构成了实验组（处理组），其余 35 个未获批的地级市构成对照组。

表 6-1　　　　　　　　主要变量描述性统计

变量	实验组（处理组）				对照组			
	均值	标准误	最大值	最小值	均值	标准误	最大值	最小值
IU	0.5126	0.0866	0.7755	0.3004	0.4637	0.0973	0.7155	0.2795
GAP	0.4171	0.0723	0.5906	0.2483	0.3988	0.0809	0.6237	0.2239
EDU	7.7850	1.2499	10.9731	5.2933	7.0634	1.5912	9.3271	0
GOV	0.1712	0.0629	0.4235	0.0461	0.1084	0.0758	0.0714	0.5016
TRA	5.6374	0.7173	6.8942	3.6378	5.5309	0.9726	7.2928	1.9459
MED	10.3697	0.5570	11.7845	8.7759	10.2190	0.5153	11.3913	8.7828

由于本章研究内容的被解释变量与第五章相同，均为就地城镇化水平（IU），因此本章选取了与第五章相同的控制变量，分别为：①城乡收入差距（GAP）；②教育资源状况（EDU）；③政府支持力度（GOV）；④交通便捷程度（TRA）；⑤地区医疗水平（MED）。充分地考虑到数据之间存在较大的起伏波动与异方差的可能性，因此对数处理全部变量；表 6-1 是描述性统计变量情况。

第二节　实证分析

一　新型城镇化试点地区对就地城镇化进程的影响

双重差分有效的条件是平行态势假设成立；若平行趋势假设成立，则新型城镇化试点地区对就地城镇化的影响只会发生在各地区设立试点地区之后，而在设立之前，实验组（处理组）和对照组地

第六章
新型城镇化背景下就地城镇化的发展路径

区的就地城镇化水平的变动趋势不存在显著差异。为了验证平行趋势假设，本书借助 Stata 15.0 软件做图进行检验，就地城镇化水平平行趋势见图 6-2。

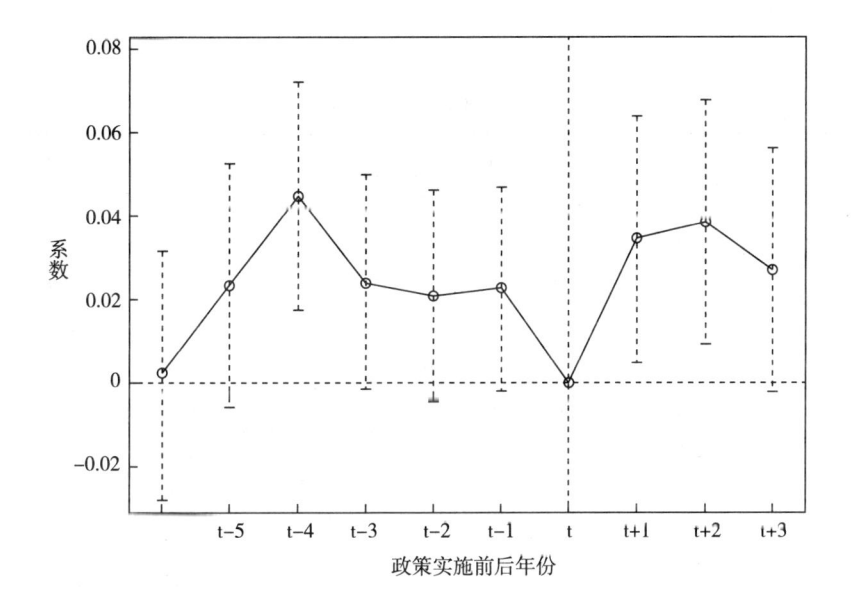

图 6-2 就地城镇化水平平行趋势

从图 6-2 中可以看到，在实施政策后（t 时期后），实验组（处理组）和对照组地区就地城镇化水平的变化存在显著差异，但在政策实施前（t 时期前），变动系数与 0 存在显著差异，说明政策实施前实验组（处理组）和对照组的就地城镇化水平的变动也存在显著差异，未能满足平行趋势假设。于是，我们引入倾向值匹配得分法（PSM）解决样本不能满足共同趋势和随机性的问题。

首先，将对各地区就地城镇化水平有影响的变量设为协变量，本书选取了控制变量作为匹配的协变量，通过最邻近匹配法检验协变量的平衡性，表 6-2 描述了检验的结果；依据检验的结果，匹配之后单个协变量标准化的偏差小于等于 10%，代表核匹配之后，单个协变量具有比较好的平衡性。t 检验的结果也表明了处理组和控制组样本之间无系统差异的假设不能被拒绝,进一步证明了匹配之后处理组和对照组样本之间无系统性差异。表6-3对整体的平衡性做出了检验,从表6-3中的检验结果来看,匹配后标准化偏差的均值得到了显著的下降。

表6-2　　　　　　　　　　协变量的平衡性检验

协变量名称	匹配前后	均值 实验组	均值 对照组	标准化 偏差(%)	标准化 t值	t检验 p值
GAP	匹配前	0.4171	0.3988	23.8	3.47	0.001***
GAP	匹配后	0.4090	0.4003	7.3	1.45	0.138
EDU	匹配前	7.7850	7.0634	50.4	7.47	0.000***
EDU	匹配后	7.4619	7.5045	-5.9	-1.57	0.117
GOV	匹配前	0.1712	0.2084	-33.3	-5.17	0.000***
GOV	匹配后	0.1787	0.1824	-3.3	-0.75	0.452
TRA	匹配前	5.6374	5.5309	12.5	1.86	0.064*
TRA	匹配后	5.6331	5.7022	-8.1	-1.34	0.182
MED	匹配前	10.37	10.219	28.1	4.03	0000***
MED	匹配后	10.26	10.224	6.8	1.10	0.271

表6-3　　　　　　　　　　整体的平衡性检验

匹配方法	样本	Ps R^2	LR chi2	p > chi2	标准化偏差均值(%)
最邻近匹配	匹配前	0.063	73.83	0.000	29.6
最邻近匹配	匹配后	0.005	5.90	0.316	6.3

经过匹配后剩余783个样本,我们对匹配后的样本进行回归得到表6-5中列(1)、列(2)的结果,列(1)是没有加入控制变量的回归结果,列(2)是加入后的估计结果;可以发现,无论加入控制变量与否,DID系数估计的结果均是不显著的正数,这说明对于中部地区整体而言新型城镇化试点地区的设立对就地城镇化进

第六章
新型城镇化背景下就地城镇化的发展路径

程的推动作用不显著。我们猜想这可能是地区之间不均衡发展的异质特性造成的,于是将中部地区87个地级市划分为城市群(圈)地区和单一城市地区,2016年国务院批复《中原城市群发展规划》表明六省包括4个国家级城市群(详见表6-4)。

表 6-4　　　　　　中部地区城市群城市划分

城市群	城市
中原城市群	郑州、开封、洛阳、南阳、安阳、商丘、新乡、平顶山、许昌、焦作、周口、信阳、驻马店、鹤壁、濮阳、漯河、三门峡、济源、长治、晋城、运城、淮北、蚌埠、宿州、阜阳、亳州
长江中游城市群	武汉、黄石、鄂州、黄冈、孝感、咸宁、仙桃、潜江、天门、襄阳、宜昌、荆州、长沙、株洲、湘潭、岳阳、益阳、常德、衡阳、娄底、南昌、九江、景德镇、鹰潭、新余、宜春、萍乡、上饶、抚州、吉安
武汉城市群	黄石、鄂州、黄冈、孝感、咸宁、仙桃、天门、潜江
皖江城市群	合肥、芜湖、马鞍山、铜陵、安庆、池州、滁州、宣城、六安

根据表6-4的城市划分可以将中部地区87个城市划分为城市群城市共66个,其余21个城市划分为单一城市地区。表6-5中列(3)、列(4)为城市群地区的估计结果,列(5)、列(6)为单一城市地区的估计结果,同样的列(3)、列(5)为加入控制变量的估计结果。对不同区域的回归结果进行分析可以看到在单一城市地区DID的系数与整体回归的结果相类似(系数为止值且不显著),说明在单一城市地区新型城镇化试点地区的设立对就地城镇化进程并未起到显著的推动作用;而在城市群加入控制变量及未加入控制变量的两组回归DID系数均大于0且在1%统计水平下显著,这表明处在城市群(圈)内的城市新型城镇化试点地区的设立对就地城镇化的进程具有显著的推动作用。

◇ 中部地区就地城镇化与产业发展研究

表 6-5　　　　　中部试点地区对就地城镇化进程的作用

变量	中部整体地区		城市群地区		单一城市地区	
	（1）	（2）	（3）	（4）	（5）	（6）
DID	0.0040 (0.0114)	0.0083 (0.0099)	0.0090*** (0.0022)	0.0061*** (0.0018)	0.0114 (0.0169)	0.0129 (0.0150)
lnGAP		-0.3858*** (0.0958)		-0.4560*** (0.1312)		-0.3983*** (0.1055)
lnEDU		0.0027 (0.0129)		0.0040 (0.0230)		0.0079 (0.0166)
lnGOV		0.4260*** (0.0964)		0.3978*** (0.1170)		0.7725*** (0.2301)
lnTRA		0.0271*** (0.0090)		0.0264** (0.0108)		0.0035 (0.0181)
lnMED		-0.0647*** (0.0124)		-0.0564** (0.0272)		-0.1084*** (0.0273)
时间效应	YES	YES	YES	YES	YES	YES
地区效应	YES	YES	YES	YES	YES	YES
常数项	-0.7475*** (0.0031)	-1.7963*** (0.1189)	-0.7117*** (0.0034)	-1.7038*** (0.1863)	-0.8175*** (0.0045)	-1.9706*** (0.2154)
观测值	783	783	519	519	264	264

注：***、**和*分别表示系数在1%、5%和10%水平下显著，括号内为系数的标准误；下同。

我们再看控制变量的估计结果，从表6-5中的列（2）、列（4）、列（6）可以发现三组回归中各控制变量的符号均相同，城乡收入差距（GAP）和地区医疗水平（MED）系数显著为负，城乡收入差距的扩大为农村劳动力就地就业造成一定程度的阻碍，较大城乡收入差距会使农村劳动力更倾向于到城市中寻求就业机会。对于地区医疗水平这一控制变量，一个区域内大多数好的医疗资源和先进的医疗技术都集中在城市而不是农村，相比于农村而言城市的医疗条件具有绝对明显的优势，这对农村劳动力流向城市具有很大的吸引力，也就解释了地区医疗水平变量系数显著为负的原因。再看政府支持力度（GOV），该变量系数均在1%的水平下显著为正，政府针对农村加大支持的力度，一定程度上能够改善农村居民的生活条件和提高农村居民的收入，有利于农村居民留在本地进行就业，说明政府对农村的扶持对就地城镇化起到了显著的促进作用，这与我们的预期相符。而交通便捷程度（TRA）该变量同样为正，但在单一城市地区不显著。教育资源状况（EDU）的变量系数为正但不显著，这与我们的预期不符，本书给出的解释是由于该变量是通过高等学校的教育资源状况来表示，而高等学校的教育资源与基础教育资源在对人口流动的影响上存在巨大差异，高等教育资源对大多数人选择在农村就业还是城市就业并未产生明显倾向性。因此在本书中教育资源状况对就地城镇化的影响不显著。

二 稳健性检验

表6-5中通过加入控制变量回归所得到的结果具有一定的可靠性。针对政策效应显著的城市群（圈）地区，为进一步检验该结果的稳健性，本书参考既有研究成果①②③，采取改变城市群（圈）政策实施时间的方式加以反事实检验，从而验证结果具备稳健性与否。除新型城镇化试点地区设立这一政策变化之外，一些其他政策或随机性因素也可能导致地区经济发展产生差异，而这种差异与试点地区的设立没有关联，最终导致之前的结论不成立。为了排除掉这类因素的影响，我们假设各地区设立国家新型城镇化试点地区的年份统一提前两年或三年，若此时政策变量的系数 θ 显著为正，则说明就地城镇化进程的推动作用很可能来自其他政策变革或者随机性因素，而不是国家新型城镇化试点地区的设立。如果此时 θ 不显

---

① 范子英等：《法治强化能够促进污染治理吗？——来自环保法庭设立的证据》，《经济研究》2019年第3期。
② 孔令丞等：《省级开发区升格改善了城市经济效率吗？——来自异质性开发区的准实验证据》，《管理世界》2021年第1期。
③ 王亚飞等：《高铁开通促进了农业全要素生产率增长吗？——来自长三角地区准自然实验的经验证据》，《统计研究》2020年第5期。

著,则说明就地城镇化水平的提高受到国家新型城镇化试点地区设立的影响。表6-6中的列(1)、列(2)表示假设试点新型城镇化区域的时间提前两年,列(3)、列(4)表示假设国家新型城镇化试点地区设立时间提前三年的情况。从表6-6中列(1)至列(4)的估计结果可以看到,无论是将政策实施年份提前两年或者三年,政策变量系数 θ 均不显著,这从反面说明对于所处城市群(圈)内的城市而言就地城镇化水平的提高不是由其他因素导致的,而是国家新型城镇化试点地区的设立推动了就地城镇化的进程。

表6-6 稳健性检验

变量	反事实检验		单差法检验			
	(1)	(2)	(3)	(4)	(5)	(6)
L2_DID	0.0045 (0.0101)	0.0162 (0.0138)				
L3_DID			0.0126 (0.0094)	0.0227 (0.0153)		
DID					0.0470*** (0.0091)	0.0206*** (0.0048)
lnGAP		-0.5266*** (0.1128)		-0.4649*** (0.1049)		-0.4153*** (0.1299)
lnEDU		0.0072 (0.0192)		0.0086 (0.0191)		0.0041 (0.0228)
lnGOV		0.4056*** (0.1110)		0.4511*** (0.1139)		0.3583*** (0.1207)
lnTRA		0.0253** (0.0109)		0.0301*** (0.0110)		0.0265 (0.0184)
lnMED		-0.0644*** (0.0153)		-0.0759*** (0.0167)		-0.0515* (0.0271)
时间效应	YES	YES	YES	YES	NO	NO
地区效应	YES	YES	YES	YES	YES	YES

续表

变量	反事实检验		单差法检验			
	(1)	(2)	(3)	(4)	(5)	(6)
常数项	-0.7273*** (0.0045)	-1.8253*** (0.1702)	-0.7354*** (0.0049)	-1.9551*** (0.1890)	-0.7065*** (0.0038)	-1.6345*** (0.1796)
观测值	519	519	519	519	519	519

除了构建反事实检验来增强结果的稳健性之外，本书还按照传统的处理方式，采用"单差法"仅控制地区效应而不控制时间效应来检验国家新型城镇化试点地区设立对就地城镇化进程的作用，估计结果见表6-6中的列（5）、列（6）。控制其他变量及地区效应之后，政策变量的估计系数大于0且在1%水平下显著，这同样说明在中部城市群（圈）地区新型城镇化试点地区的设立对就地城镇化具有一定推动作用。但进一步的观察可以发现，通过"单差法"估计的政策变量系数均要明显大于表6-5中双重差分方法的系数，这意味着利用"单差法"进行估计的结果高估了国家新型城镇化试点地区设立对就地城镇化的作用。因此，我们可以认为采用双重差分方法得出的结论具有一定可信度。

第三节 新型城镇化政策下就地城镇化的发展路径

一 推进农村产业化发展，推动产业联动协调发展

就地城镇化建设需要以发展产业为基础，同时以就业为本，有机地结合住区建设与产业发展以及土地整治等有效的策略。传统村落居住过程中村民呈现出分散状态，造成了基础公共设施与土地资源的浪费，住区建设目的就是解决浪费各类资源的问题；同时使村民居住的问题得到有效的解决；在建设的过程中，首先对基础设施

加以改进与完善，合理有效规划社区布局，加强住房设施的建设，为农民群体打造出环境优质、设施完善、功能齐全的住区。在实现农业产业化的基础上，无缝对接社会化大生产与处于分散状态的小生产，从而快速地推进农业现代化进程；发挥市场的导向性的关键作用，借助先进的科技与理论知识，大力发展具有区域特色的产业，深入优化农村地区的生产要素，推动农业生产尽快实现机械化。充分地发挥产业对就地城镇化的支持性作用，将其作为城镇化建设的主体内容并提升至战略性的高度。快速推动产业的集聚，与区域资源的特点相结合，对产业布局合理有效地规划，将更多的就业岗位与机会提供给农民。

以中部地区有效定位各省份的功能为依据，培育具有各省份特色的、具有主导性作用的集群产业，鼓励区域间实现发展的差异化，促使链条式的分工协作机制的形成，推动区域内产业实现协调的联动式发展。发挥农业的优势作用，推进现代化农业的快速发展，分地区建立具有区域特色的农产品生产加工基地，针对农业生产服务业加大发展的力度，延长与优化农业产业链，将第一、第二、第三产业相融合，实现健全产业体系的目标。支持单一产业结构的区域多元化发展，诸如山西的主要产业是开采煤炭与选洗业，其改革的重点是实现产业多元化发展的同时以培育有关煤炭的战略性新兴产业为核心。积极主动地探索区域间产业协调发展的模式，促进城市群内部城市之间的产业分工联动与协调性，探究与打造承接产业转移的创新模式。

二 推进农民集中居住，提高就地城镇化内涵和质量

一些区域实现新型城镇化的主要路径是通过农民的居住集中，尤其是建设新型农村社区。由于现阶段社区运作存在诸多问题，需符合实际情况适宜建设新型农村社区，不得一味地求快和求大；针对规划或建设新型社区时形成的问题，需做好研究分析工作并提出有效的解决方案，避免与预防烂尾工程的产生。社区建设的过程中还需避免采取单一模式促进农民的"上楼"，应以中心村建设为基

第六章
新型城镇化背景下就地城镇化的发展路径

础，以特色村维护为核心，以整治"空心村"为主体，探究村企联建的多元模式。发挥强村的带动性作用，有效地合并多村，做好安置与搬迁工作，优化村庄直改模式。此外，农村地区新型社区建设需有机地结合施行乡村振兴的战略、衔接两者规划，有效保护具有区域特色的乡村。

中部地区需贯彻落实《国家新型城镇化规划（2014—2020年）》的要求与目标，发扬人本主义精神，转变长期以来高速低质的发展特征，切实推动城镇化内涵和质量的提升。湖北、安徽、湖南等就地城镇化水平相对较高地区要在巩固自身优势的基础上，以产业结构的升级和城镇经济的发展为先导，加速推进传统粗放型城镇化模式的转变，科学划定区域边界、抑制城镇外延的无序扩张，着力优化城镇空间结构、推动资源要素的充分开发和集约利用，努力实现多系统协调的优质高效型发展。河南、山西、江西等相对滞后地区要注重强化城镇发展的基础支撑，加快建立健全城镇公共服务和社会保障体系，加强与完善配套设施建设，有效保护生态环境，打造居民宜居的生活环境，提升城镇对人口、产业等的吸纳和承载能力，以平等交换城乡要素为基础，合理配置与优化公共资源，不断丰富城镇发展内涵，推进农业转移人口的市民化及非农化，避免盲目追求快速赶超而引发的无序性、空洞化发展等问题。

三　推进制度改革，保障就地城镇化持续发展

在农村地区经济发展的视域下，城乡二元结构已变成现阶段就地城镇化建设的约束性因素，因此需要改革缺乏合理有效性的制度，包括户籍、土地和社会保障方面的制度，从而为就地城镇化的持续发展奠定制度上的基础。在城乡二元户籍制度的作用下，农村及城市的居民不平等现象极多，因此需统一登记成居民户籍，彰显公平与公正的原则。加强土地制度的改革，推进土地确权进程，积极主动地探究土地流转模式。构建与完善社保制度，扩大其覆盖的面积，加强城乡基础设施的建设，实现均等化服务，为农村发展就地城镇化打造出健康、友好的环境。

同时，在宏观体制上建立起有利于促进城乡一体化的长效机制，通过生产要素的优化配置提升城乡联动发展的综合效益，进而实现区域整体发展协调程度的稳步提升。牢固把握新型城镇化和乡村振兴战略的机遇，在稳定城乡发展均衡态势的前提下，充分结合自身实际，深入挖掘区域发展潜能，打造地方特色城镇和现代化新型乡村，有效发挥城镇发展的辐射带动作用和农业现代化的正向反馈功能，促进城乡发展的高效协同和农业现代化水平的持续提升。重点加强在城乡发展过程中的沟通联结，以资源要素的自由流动为目的，破除行政区划的条块分割，积极扩大农业现代化的正向溢出效应，加速突破城镇化的短板制约，努力缩小城乡发展差距，推动实现城乡的均衡发展和良性互动，共同促进区域经济社会的高质量协调发展。

四 建设美丽乡村，打造特色小镇

在建设"美丽中国"的时代背景下，对比于传统城镇化模式，就地城镇化的新型模式与之存在本质上的区别，将打造更优质与优美的生态环境，使经济和生态方面的效益呈现出平衡的状态。农村就地城镇化需合理有效的布局，加强美丽乡村的建设。乡村是农业实现现代化和就地城镇化的主要平台，建设美丽乡村需切实做好下列几项工作：第一，使生态环境得到有效保护，深层次地挖掘自然之美。保证原始农村生态环境得到有效保护与优化，融合田园的自然风光及乡村本身的魅力。第二，合理有效的设计与布局，打造优质的宜居环境。缩小城市和农村在公共服务与基础设施方面的差距，针对新型社区加大管理的力度。第三，加强城镇的文化建设，除了打造优质的自然生态环境之外，还需对农民的精神文明及文化生活予以高度重视，充分提升其科学文化与思想道德等方面的综合素质，发扬农民的优良传统与美德品质。

目前全国各地区积极探究提高创新水平，规划建设出一批具有显著特色的小城镇，打造了特色小镇的多元化模式。浙江省是特色小镇的示范者，已积累出丰富的经验，指出特色小镇建设与行政区

第六章
新型城镇化背景下就地城镇化的发展路径

划及产业园区存在显著的区别,要打造出产业定位准确、文化内涵丰富、社区功能齐全的发展空间平台。

总之,传统城镇化模式与目前城镇化发展的需求不相匹配,在农村地区经济快速发展的时代背景下,就地城镇化将凸显出其独特的优势。现阶段全面推进就地城镇化的时机尚未成熟,需要克服艰难险阻,突破就地城镇化发展过程中的阻碍。农村就地城镇化的建设是一项长期的系统工程,要在乡村振兴战略的引领下紧密结合建设特色小镇与打造新型农村社区,实现协同性发展。

第四节 本章小结

对比传统城镇化,新型城镇化与我国国情更相符,凸显了我国可持续发展的目标;就地城镇化作为新型城镇化的重要途径,能够弥补传统城镇化的不足。国家新型城镇化试点地区的确立是新型城镇化政策的重要标志,本章通过试点地区的设立来检验《国家新型城镇化规划(2014—2020年)》对就地城镇化发展所产生的政策效应。

本章以我国中部地区87个地级市2009—2018年的面板数据为样本,通过多期双重差分模型检验新型城镇化试点地区的设立对就地城镇化进程的影响,并借助反事实检验和单差法增强了估计结果的稳健性,通过以上研究得到如下结论。

(1)就中部地区整体而言,国家新型城镇化试点地区的设立对就地城镇化的进程并未起到显著的推动作用。对中部地区进行区域划分后,同样的我们发现单一城市的新型城镇化政策效应不明显,这可能是因为相对于处在城市群(内)的地区而言其交通、资源、产业和人力等方面存在相对劣势,导致新型城镇化试点地区的设立对这些城市的就地城镇化的推动作用未显现出来。

(2)中部地区位于城市群(圈)内的城市相对那些单一的城市

具有交通、资源、产业和人力等方面的优势，经济发展基础较好，城市群之间交易形成技术共享的局面，龙头企业带动周边城市相关产业的发展，充分发挥中心城市对周边城市群的辐射作用，因而新型城镇化政策的正向效应在这些地区较为明显，新型城镇化试点地区的设立对就地城镇化的进程产生了显著的推动作用。

（3）控制变量如城乡收入差距、地区医疗水平、政府支持力度和交通便捷程度对就地城镇化的影响各异，其中城乡收入差距和地区医疗水平阻碍了就地城镇化的进程；政府支持力度和交通便捷程度对就地城镇化的进程具有促进作用。

此外，从推进农村产业化发展，推动产业联动协调发展；推进农民集中居住，提高就地城镇化内涵和质量；推进制度改革，保障就地城镇化持续发展；建设美丽乡村，打造特色小镇四个方面给出了中部地区就地城镇化的发展路径。

第七章

提升中部地区就地城镇化发展水平的措施

通过梳理文献资料、构建模型、研究分析、区域比较和政策效应分析等环节，本书得出诸多结论和启示。从本质上来看，就地城镇化的进程还是需要农村居民的非农化就业来推动，产业结构转型升级使新型城镇化的速度和质量得以提升，推动了我国"以人为本"的新型城镇化进程。为进一步提高城镇化水平，推动中部地区经济高质量发展，本书在此基础上从人才队伍建设、推动产业发展、差异化战略、提高公共服务、发挥政府引导、坚持绿色发展六个方面给出了提升中部地区就地城镇化发展的措施建议。

第一节 强化专业人才队伍建设

一 重视专业人才引进

第一，全方位地积极引进专业化人才。立足于当地的实际发展情况，与存在的不足和问题相结合，合理有效地制定需求人才规划，采取高薪资及各种类型的优惠政策引进各层次专业化的人才，包括策划旅游项目、营销产品、电商、资本运作、通信等领域。第二，针对乡村旅游人才积极开展培训活动。组织旅游行业从业者在职业知识与技能方面加大培训的力度，切实提升其技术技能水平与服务管理等能力，积极广泛地开展职业测评活动，针对优秀人才进行评优及评奖，选择优秀人才加强培养；增强和企业间的合作，在旅游的淡季开展丰富的培训活动，建立专项资金，出台优惠政策对从业者予以激励，使其有效地选取各类方式来提升业务能力。第三，建立健全人才系统，管理好专项的档案，针对多元化的需求合理地分配与引入人才资源，针对长期工作于某地区的人才赋予适宜的激励与补偿。增强与高等院校及旅游公司的沟通，邀请专家与行业内的领头人为旅游业的发展提供有针对性的策略与指导，为重大项目的决策提供重要借鉴。

二 加强本地专业人才培育

针对农村地区需在教育领域中加大支出力度，要高度重视乡村居民的高等教育情况，可采取建设职业技术院校、农民高等院校等多元化的方式针对居民开展素质教育，切实提高当地农村居民的综合素质，使城乡具备浓郁的文化底蕴与文明色彩；同时对培育专业化人才的环节予以高度重视，遵循内部培育与外部引入相结合的原则针对高素质人才进行培养，采取有组织的培训活动与实践操作对当地的人才进行重点培养，为专业人才提供良好的福利待遇及发展机遇。针对当地的人才，需要有计划、有组织且有针对性地实现培训的专业化，大幅度地提高从业者的技术水平与综合素质。针对外来务工者与乡镇居民的培训需以技术技能为侧重点，在财政方面予以相应的倾斜，激励民间资本有力地支撑职工的就业培训活动，打造信息数据方面的服务载体，引导外来务工者及失业农民树立正确的就业观，选取合适的就业岗位，尝试着通过多渠道由低端向中高端的产业实现再就业目标；在竞争力方面存在优势的务工者，通过妥善地分配利益提高对这部分人的吸引力，为推动就地城镇化提供人才方面的有力支持。

三 完善人才流动机制

建立并完善乡村的人才流动机制，为乡村实现持续发展提供人力资源方面的有力支撑,同时在知识与科技方面提供相应的保障,使人才在乡村振兴过程中发挥更重要的作用,将人才的价值显现出来。目前我国农业农村的人才与劳动力存在严重的流失现象,基层农技推广团队老化的程度较严重,特别是中部地区的农业基层新产业新业态的人才缺失程度严重,无法使现代农村与农业发展的多元化需求得到满足。当下实行就地城镇化,需要有效地解决人才等相应的问题,构建有力支撑人才的政策平台,引导各种类型的人才在有效解决"三农"问题方面献计献策,支持高等院校及科研组织中的技术人员前往农村地区挂职,实施高等院校学生的村干部人才计划,加强对高等院校与农村职业领域的教育与合作,使约束人才的"瓶颈"环节有效破除,采取更优惠的政策提高对人才的吸引力。

第二节 产业发展助力就地城镇化

一 培育主导产业,经济与就地城镇化同步发展

大力建设与发展乡镇企业,基层政府推进就地城镇化进程的重心是加大对主导性产业的培育力度。一方面,深层次地挖掘具有本土特色的丰富资源,针对主导产业做好培育工作。将产业发展放置于第一位,通过产业集聚发挥对人口汇聚的带动性作用。政府对主导产业进行培育的第一要素是立足于地区禀赋和区位环境,发挥特色产业的优势作用,或者以地理资源为依托探究发展的突破口,打造地方的优质品牌,特别是针对资源丰富的各省会城市,要将地区的特色发扬光大。另一方面,拓宽筹资的多元化渠道,推动乡镇产业集群。中部区域的小城镇在融资方面存在一定的局限性,是持续发展的瓶颈环节,需政府与市场形成合力从而有效地解决资金方面的问题。政府采取特许经营与竞标等多种形式提高对民间资本的吸引力,通过优化政策和创新机制充分地调动企业与个体等投资主体的主动性,多渠道开辟城镇建设资金。借助财政与税收等手段、利

用优惠政策进行招商引资打造产业园区，切实提升产业的集中度，通过产业的集聚效应提高对集聚人口的吸引力，针对第一、第二、第三产业分别采取优化发展、强化发展、大力发展的方式，培育新兴产业，同时扩大特色产业的规模，对集群产业进行合理有效的布局。

二 加强产业融合，实现乡村居民增收

目前旅游的需求日益多元化，同时国家不断改变经济结构，只是以单一的产业为依托给乡村旅游增加收入将与现阶段发展趋势不符；需多元化地拓展收入渠道，加快产业的融合发展，延长产业链条，提升产业及产品附加值，使乡村的收入得到大幅度增加。现阶段工业及机械制造业等传统的产业还是促进就地城镇化发展的主体驱动力。发展乡村旅游的过程中不应只禁锢在传统基本要素层面，只是管好食宿、购物或休闲娱乐，相关旅游产业中也包括农业、文化、工业、互联网、金融、物流等多个产业。加快产业融合的速度、提高产业融合的程度、加大产业融合的力度、延伸产业融合的广度，从而推动就地城镇化融合乡村旅游业的步伐。

第五章实证结果表明中部区域的农业和第二、第三产业的融合式发展显著地促进就地城镇化进程，需重点发挥乡村旅游业的带动性与融合性的优势作用，促进乡村旅游和工业、农业、文化传媒产业的融合与联动，以既有的体验为基础，探究融合高科技的元素，在内容与形式上提高创新水平，建立高科技农场等多元化的发展模式；有机地结合文化与乡村旅游，深层次开发与挖掘具有乡村特色的文化内涵，推出精品的文化节目，打造优质的乡村文化品牌；结合工业与乡村旅游发展，改造与升级废弃的工厂将其当作旅游场所，开发具有景观或文化特色的工厂旅游业（旅游设备制造）等。以发展乡村旅游为契机推动产业融合的进程，最终形成产业集群。发挥旅游消费的核心作用，推动传统产业增加附加值，拓展旅游收入的渠道，切实增加农村居民的收入，增强地方的核心竞争力，最终实现就地城镇化与乡村旅游业的协同式发展的目标。

三 加快产业结构升级,推动农业现代化

第一,中部地区需合理与优化布局产业,针对拥有较好经济基础的中部城市提升企业的准入壁垒,引入的新兴企业具有技术水平与附加值高、能耗及污染程度低等特征,提高产业结构转型升级的速度,打造高质量的绿色生态环境。针对市区及乡镇进行合理有效的分工,在与城镇相适应的基础上构建多元化形式的开发区及工业园区,以小城镇现有的资源为依托,打造具有区域特色的产业园;制定规划准入园区的标准,让产业得到持续发展。第二,采取先进的技术管理方式,实现集体经济及企业管理的现代化。加工业等低端产业是其主要形式,需切实转变低端及弱化的情况,在技术上加大投入的力度,通过现代化与科学化的产业体系使经济效益和科技水平得以提高,创新农业运营模式,向农业领域注入现代生产运营要素,采取现代化的运营模式促进经济的持续发展。第二,积极探究集体经济及乡镇企业融资模式,健全集体经济的信用担保系统,延伸集体经济链条,并建立企业与集体经济的长效合作机制,健全农产品流通体系,实现农超无缝对接的模式,大力发展农产品的便捷物流配送服务,激励更多的资本及生产运营要素流向农村地区。

第三节 差异化推进就地城镇化

一 分地区推进城镇化建设

第六章结果显示城市之间发展呈现出不平衡状态、地区间存在显著异质性特点,这些特征显著地影响着城镇化的差异化。不同地区在自然条件与环境上不同,城镇化的发展模式存在相应的差异。我国农村的数量多,同时分布较为广泛,在自然环境与经济基础上存在差异。因此,农村城镇化进程需根据自然环境、经济环境与政策环境等因素选取与之适应的并且具有广泛发展前景和巨大潜力的项目。诸如一些农村地处城市的周围,可以以快速发展的城市经济

为依托，对自身形成辐射性作用；针对具有丰富矿产资源的地区，采取开发与加工资源的方式推动城镇化。中部地区省会城市的经济基础相对较扎实，投入的资本多、生产要素条件好，交通情况优越，教育水平高，其城镇化的基础是优于中部其他地区；中部非省会城市普遍缺乏显著的区位优势，不具备极高的外向化程度，城镇化建设时将对政府产生强烈的依赖。

二 分阶段推进城镇化建设

农村由于在经济发展方面比城市地区滞后，大部分城镇化处在初始时期，需加强基础设施建设，提高对技术与资金的吸引力。合理规划与管理农村地区，在技术与医疗以及教育层面予以强力支撑，为农村的就地城镇化提供有力保障。中后阶段就地城镇化需加强与关注软环境的建设，对文化事业的发展发挥带动性作用。城镇化初始阶段的主要动力源自政府在政策方面的支持，同时发挥市场的辅助性引导作用；目前的城镇化进程转变成以市场运作为主体，以政府引导为辅助。农村在发展与城镇化建设方面存在一定的局限，可分时期、分地区地推进城镇化的均衡发展。

三 选择合理推进模式

各省市需与区域的主要特征相结合，选取适合各区域的发展模式，第四章将就地城镇化区域划分成三种类型，需根据不同的类型来选择推进城镇化的合理模式。一是第二产业主导型，需发挥制造业主导性优势作用，有机地结合制造业与农业，加快农业产业化及现代化的格局形成，诸如河南大多数区域需以农业资源为依托，与该地区的第二产业相结合，积极开创外向型农业企业，提升科技的含金量与附加值，发挥粮、林、畜牧、果蔬等深加工农副产品的主体性作用，扩大所吸收农村地区劳动力的容量，促进农业科技的发展，增加农业产业化的效益，扩大产业化的规模，打造出更多就业的机会。二是第三产业主导型，以旅游及服务行业为发展的重心，特别是能够结合农业进行发展的休闲农业及生态旅游业，提高第三产业对劳动力的吸引力。三是第二、第三产业交替主导型，在就地城镇化的过程中有机地将农业与第二、第三产业融合。例如，湖南是生产稻谷的最大省，需建立新型合作社为农民提供整体流程的作业服务，服务的内容涵盖平地、灌水、插秧、植保、收割及加工等各环节。合作社的社员采取相同的品种、田间作业模式，收割高标准的优质稻谷，进行统一加工与售出，最终通过一定的形式向农民返还收益。上述融合式发展相当于现代化农业的持续高质高效的发展；第一、第二、第三产业实现融合发展，融合了加工业及旅游业，同时创业创新提供了强大动能，对振兴乡镇产业发挥重要的推动性作用。

第四节 提高农村公共服务水平

一 完善乡村设施，提升服务水平

加强居民日常配套设施的建设，同时也要加强开展乡村旅游活动所需要的配套设施建设，将二者相结合起来，进行统筹有效衡量，推动二者的协同式发展。在基础设施建设层面，要与发展乡村旅游的实际需求相符合，考虑居民日常生产生活的实际需求，这其中包括建设畅通而发达的交通网系统、对高速公路与铁路以及省道干线等交通条件的强化等，同时要注意改进景区的连接线、绿道等交通内部网；加强水力、电力及通信等设施的建设，在投资建设及保养维护上加大力度，打造出良好的旅游接待环境和生产生活条件。改进与完善公共服务的配套设施，包括增加绿色乡村的面积、加强商业与医疗设施的建设、提高教育水平、打造优质完善的邮政及通信网，推动乡村人口的集聚，切实提高村民日常生活生产的水平。同时抓好提高乡村旅游服务水平这项工作，其重点环节是提高食宿、休闲娱乐、购物等乡村旅游领域中核心场所的服务能力，加大对从业者服务能力的培训力度，切实提高从业者服务的质量，规范旅游场所运营的合理秩序，提倡场所对游客提出服务方面的承诺，妥善地处理投诉，优化健全信用体系，给游客提供个性化的优质服务，为游客旅游创造出消费的良好环境，提高对游客的吸引力，从而扩大客源市场的规模，使游客数量得到大幅度增加。

二 保障公共服务均等化，缩小城乡公共服务差距

基本公共服务均等化是新型城镇化的重要内容，旨在促进医疗、教育、社会保障等在城市与乡村真正地实现均等化目标，使城市与乡村之间的差距减小，最后实现协同性统一发展。第一，合理配置与优化教育资源，使其实现均衡化发展。循序渐进地减小县域教育发展的平衡性差异系数，使城市乡村、校际间能够合理均衡地配置公共资源。针对农村地区的学校在财政上加大支持的力度，完善农村办学的条件与环境，积极主动地探究中小学校急迫需要的岗位增加特殊津贴等制度，构建教师服务农村学校的期限制度。高度重视外来人口的子女及留守儿童与贫困学生等特殊群体的情况，为外来人口的子女安置适宜的学校，可遵循"划片招生"的原则，或者遵循就近原则，将其安置于居住地附近的学校就读，构建外来人口的子女保障义务教育经费制度。第二，切实提升医疗服务水平，构建城乡实现均等化的医疗服务系统。县及市医院发挥龙头带动的作用，基于镇、村级卫生院所构建优化三级农村医疗服务网，加强社区医疗设施建设，社区医疗服务组织、医院、保健组织合理分工、加强协作。建立完善医疗保险制度，全面覆盖与惠及城市与乡村的居民，切实提升职工医保、城镇居民医保、新型农合医疗的参加保险者数量与费用报销的比率，探究城乡统筹的居民医疗保险制度。第三，切实提升社会保障能力，稳定而积极地促进城乡社保制度的整合及过渡，推动城市乡村在社会保障方面实现均等化。

三 统筹多元利益，保障农民合法权益

第一，打造和谐稳定的社会关系与构建文明的社会环境。准确地认识城镇化进程中社会存在的各类冲突与矛盾，将建设新型社会关系作为总体目标，在乡镇地区加强文化的建设，鼓励居民积极广泛地参与各种类型的活动，增强人和人的信赖感与认同程度；在文

化方面化做好教育与宣传工作,在建设就地城镇化过程中关注社会主义核心价值观对公众所发挥出来的导向性作用,针对各种类型的群体加强法律与道德方面的教育,循序渐进地提升其综合素质,切实打造文明环境。第二,合理有效地进行规划,建立健全有效调节矛盾冲突的机制。发挥统筹发展的思想导向性作用,以人口数量、区域环境与经济水平为依据,对各层面的利益进行统筹考虑,因地制宜地推动就地城镇化的进程;建立畅通与高效率以及高质量的信息沟通平台,在城镇化的整体过程中融合不同的群体,强化各利益群体间的交流,使农民合法利益得到极大限度的保障,使公众在利益方面的多方面诉求得到充分的保证。第三,强化农民在政治上的参与程度,建立与完善集体权益的监督机制。政府需切实加强廉政的建设,构建完善和农民长效交流的机制,公布资金收支的情况,对分配产权的情况加以明晰,同时拓宽与优化农民积极参与城镇建设的多元化监管渠道,建立健全公正与透明度高的监管体系。

第五节　发挥政府的引导作用

一　加大政府扶持,激发农村居民热情

发挥政府的主导性作用为全局的统筹提供有力保障;充分运用政府提供的优惠政策、扶持资金,提高村民参与乡村旅游建设的主动性,为旅游业持续发展贡献力量。诸如在资金方面,可构建乡村旅游发展基金会,争取国家项目支持资金、针对优质旅游项目加入资金支持的力度,引导社会资本的投入方向;在用地方面,探究乡村运营农用地的模式,合理运用乡村分散的存量用地,为建设旅游基础设施预留相应的土地方面的指标;在规划方面,政府发挥牵头的作用,与相关机构进行联合,有效地编制出就地城镇化的发展规划,明确农家乐等产业新业态发展的目标与方向。发挥政府的统筹性作用,在各层面提供有力保障,将村民参与的热情激发出来,实现促进就地城镇化及乡村旅游业协同性发展的目标。

二 扩权强镇，加强基层政府的引导与驱动功能

目前诸多市县将权力下放给拥有较强经济实力的乡镇，其行政改革主要体现为"扩权强镇"，究其本质，相当于社会经济转型的政府职能同步转型，从而有效地解决基层政府"拥有权利小而承担责任大"的相关问题，即基层政府的主动性扩权，旨在拓展小城镇规划，同时是城镇发展促进政府转型管理模式的趋势。维持政府引导的关键之处在于"扩权强镇"，以发展城镇化的需求为依据，政府机构需基于以下几个方面下放权力：第一，下放发展决策权及综合性执法权，激励基层政府对公共事务进行独立管理，对镇政府赋予规划的自主权与主动权。第二，下放审批管理权，凡是与国家及省市产业政策相符合、投资基于县审批权限的企业、境外投资立项，除了法律规章限定通过县级政府进行审批以外，镇辖区基本建设与技术改造等项目通过镇政府自行明确与审批，经由县进行备案即可；凡由工商管理进行审批，则放权给镇政府加以审批或管理，或者将各类许可证进行代为发放，使环节得以精简，减少审批的周期，镇政府扩大管理权限旨在提高城镇的招商引资水平，打造优质的投资环境。第三，下放财权。政府需以财政为基础提高宏观调控及公共服务的能力，财权下放相当于为小城镇公共产品输出提供经济保障。以社会经济发展的需求为依据，上层级政府需对基层政府的压力予以分担，针对小城镇加大财政转移支付的力度，加强城镇基础性建设，为民生工程及保障性住房的建设提供财政制度方面的保障。提高镇政府在财税方面的积极自主性，同时提高镇政府在财政分成方面的比例，有效地返还土地出让金。

三 深化制度改革，建立健全法律法规

推动户籍及土地制度改革，完善社会保障制度。第一，改进土地流转制度，完善征地补偿机制和保障农民的合法权益，以此为基础，对农民权益的主体地位加以明确，经由国家审核调研，明确土地权益、注册审批、发放产权证等流程对农村土地的产权予以界

第七章 提升中部地区就地城镇化发展水平的措施

定，循序渐进地贯彻落实土地的所有权与运营权以及承包权，对土地的开发与经营的权限进行放开；完善土地流转及土地审批的机制，规范征地的流程，逐步地提升补偿征地的标准，构建完善补偿及分享利益的机制，切实提升土地的利用效率，同时对利益主体的权益高度重视。第二，有效地编制专业化的法律制度，制定合理利用乡镇土地的规划，有机地结合城市建设及乡镇发展策略，建立城乡统一用地市场，制定基于市场的地价机制，规范土地利用的行为，加大规范性管理控制的力度，有序地运用土地资源。第三，推动户籍制度的改革，构建完善城乡一体化的社保制度。针对隐藏于户口背后的福利性差异逐渐地消除，优化迁移户口的政策，构建完善居住证制度，以居住证为载体完善居民分配福利制度，使农民和市民以及外来的人口能够享受到医疗与教育等各层面公共服务的均等化，最终实现由农民真正转化成市民的目标。

第六节 坚持绿色可持续发展

一 节约利用资源，降低污染排放

严格地控制城市发展的面积，转变发展成新型紧凑型城市，扩张城市过程中在土地利用方面采取集约型模式，切实提升单位土地的利用效率，改变过去单一追逐面积扩张的错误方式。在资源合理开发与运用的过程中，要在生态环境的自我修复能力可范畴内进行保护性质的开发活动，使开发利用与恢复保护共同发展，改变过去掠夺式开发资源的模式，不再对自然资源毫无限制地加以索取。加速转变工业能源消耗结构，引入先进生产加工技术，增加资金方面的投入，使消耗能源时的无效损失减少，有效地提升利用率；推广循环利用模式，使资源的重复利用率得到大幅度提高。认识到在消耗资源的过程中，降低碳排放的方式包括减少消耗资源的数量与提升资源的利用两种，碳排放量的减少是持续发展的关键性因素。由加强城镇基础建设,至实现工业发展,再到物流交通、社区及校园均需对低碳进行普及与推广,使城镇化转型成为低碳发展模式。而对于工业和生活废弃物而言,需加强排放工业与生活生产污染物方面的管制,切实提升排放污染物的规范标准,对排放的产权予以明确,在排放污染物之前的再处理方面加大资金投入的力度。

二 加大环保投入,优化城乡环境

改变粗放型经济增长模式,有效地解决经济发展与保护生态环境两者的冲突,针对城乡的生态环境做好治理与保护工作,构建可持续发展的长效机制。在乡村振兴战略实施的背景下,使乡村旅游业及就地城镇化实现协同性发展。第一,在保护城乡环境方面加大投入资金的力度,全方位地整治与优化城乡的环境,以推进铺设乡村污水管道和净化污水等美化环境的举措为侧重点,做好山、路、村、河的卫生与绿化工作,使城乡环境的相关"病症"有效地消除,针对生态脆弱区加大保护的力度,引入多方主体积极有效地参与。第二,还要维系与保证资源的原真性,在开发乡村旅游业、城镇化的建设过程中,需尽可能地维系与保障资源原真性,打造出和谐稳定的生态自然景观,尽量使自然生态环境在空间上的破坏得到有效的规避与预防,严守生态环境的保护底线,最终实现低碳环保的目标。第三,倡导与鼓励绿色低碳的生活与旅游方式,增强居民与旅游者的环保意识,采取政府宣传及文化的引导等方法向游客及居民传递环保的理念与思想,使居民与游客成为环境保护的主动参与者。

三 合理开发与保护相结合

第一,在用地的过程中遵循不占耕地的原则。深层次地挖掘与综合性开发非耕地区域,使现代化农业和旅游业实现协同性发展,为粮食安全得以有力的保障奠定基础。第二,优化生态环境。重视城镇化建设和生态环境的统一,构建和谐稳定统一的局面,进行合理有效的规划,使项目的开发对于生态环境的破坏程度减小到最低;同时在治理生态环境上增加投入的专项资金,针对已破坏的部分自然生态环境需要及时地明确责任,并且有针对性地采取补救策略,对存在潜在危险需及时有效地排除,专业化地维系与保护较为脆弱的环境,使自然生态环境得到健康持续的发展。第三,传承与保护文化历史。在开发的时候需考虑到居民风俗习惯及风土人情,使建筑风貌及格局适应当地的传统文化人文环境,不可随意添加现代化的设施设备,破坏了地区的历史人文形象,在实现城乡一体化发展过程中机械性地推进。要认知到文化具有多元化的形态,在开发的时候需遵循"先行保护、再予开发"的思想与原则,在不影响历史文化传承的基础之上加强基础设施和服务设施的建设。

第八章 结论与展望

第一节 结论

本书通过对中部地区就地城镇化的机理与路径探究,得到如下结论:

第一,2009年中部地区大部分城市就地城镇化率都处于低水平和中低水平的状态,尤其是交通可达性较弱的周边地区,其中处于低水平地级市有41个,中低水平的23个;处于中高水平的城市呈点状分布,仅有黄石、随州、景德镇、铜陵、淮南五个地区,且大多数就地城镇化中水平的地区与中高水平地区相邻,就地城镇化率处在中高水平的地区在这一时期对周边地区就地城镇化的发展起到了一定的带动作用;而处于高水平就地城镇化的地级市尚未发育完全,中部地区未有城市达到高水平的就地城镇化程度。相比较而言,2018年中部地区就地城镇化的情况整体上得到了改善,就地城镇化水平低的地级市数量显著减少(从41个减少至26个),中低水平的地级市数量和2009年持平(23个),中高水平的城市数量有了较大幅度的提升,从2009年的5个增长到21个。同时出现了2个就地城镇化高水平的城市黄石市和潜江市。就地城镇化中高水平的区域呈现出连片的带状分布特征,产生以武汉、长沙、南昌、合

第八章 结论与展望

肥、郑州各省会城市为核心的城镇化圈层结构，具有显著的中心性，同时外圈还在持续扩大，在就地城镇化空间结构方面呈现出显著的等级性及扩散效应。反观山西北部和湖南的西南部地区，到2018年依旧存在一定数量的低水平就地城镇化城市（湖南6个，山西7个），这些地区普遍都存在公共服务落后较差，没有便利的交通环境，经济发展缺乏足够的动力。

第二，在经济结构以第二产业为主导的地区，就地城镇化水平对城乡收入差距的影响存在显著的双门槛效应，在前期就地城镇化对减小城乡差距存在强大的推动性作用，中期的促进作用明显减弱且后期就地城镇化率达到一定水平后反而会产生抑制作用不利于缩小城乡收入差距，整体上看该影响呈现出先缩小后扩大的"U"形变化趋势。在经济结构以第三产业为主导的地区，就地城镇化水平对城乡收入差距的影响不存在门槛效应，然而就地城镇化水平提升后，可显著推动城乡收入差距的减小，对比第二产业主导型地区，第三产业主导型地区的支柱是服务行业，而第二产业主导型的地区则是以制造建筑业为经济支柱，农村大部分制造业建筑业从业人员都属于底层工作者，后期阶段随着就地城镇化率的提高会加大城乡收入差距，这也是两类地区就地城镇化水平对城乡收入差距影响存在差异性的原因。对于第二、第三产业交替主导型地区，就地城镇化对城乡收入差距的影响存在单门槛效应，在就地城镇化进程中的两个阶段就地城镇化水平的提升均对缩小城乡收入差距具有显著的正向促进作用，且在就地城镇化第二阶段的促进作用要明显强于前期阶段。此类地区试图在第二产业与第三产业之间寻求一个均衡点，在不断优化产业结构以追求经济效益最大化的同时促进农村劳动力在行业间流动，减少结构性失业，从而缩小城乡之间的收入差距。

第三，单纯的农业发展对就地城镇化进程的推动并未起到直接的促进作用，相反的对就地城镇化的发展还会产生一些负面作用。中部地区位于城市群（圈）内的城市由于具有交通、资源、产业和人力等方面的优势，在农业与非农产业融合发展或农业通过非农产业间接作用于就地城镇化的情况下，农业的发展才会对推动就地城镇化进程起到显著的成效。通过农业来推动就地城镇化的进程本质上还是需要从农业中分离出一部分非农产业，促进农村劳动力的就地转移进行非农化就业。第二产业产值的增加会直接导致非农业产业所提供就业机会的增加，这对就地城镇化进程具有显著的推动作用，工业发展促进就地城镇化的作用表现在以下几个方面：第一，使农村生产的方式得以改变，于是快速地提高了农业劳动的生产率，为就地城镇化提供相应的生产要素；第二，工业化推动农村农业融合工业，有利于农村劳动力的就地非农化就业，从而促进了就地城镇化水平的提高。第三产业产值的增加对就地城镇化的推进具有显著的正向作用。我们将该作用归结为乡村服务行业和乡村旅游业对乡村人口就业与生活的影响，第三产业对就地城镇化的影响，我们将其归结为乡村服务行业和乡村旅游业对乡村人口就业与生活的影响，这种影响可以从两方面体现：一方面大力发展乡村旅游业，开展服务业，使城乡间的人力与物质增强交流与互动，农业与农民以及农村的封闭状态得到相对的打破，推动农民转变生活方式，并且将生产的理念予以更新换代，加快了就地城镇化的进程；另一方面，乡村旅游业为劳动密集型的产业，就业的层次较多，同时牵涉的范畴较广泛，以上述产业为依托，可吸纳诸多的农村剩余劳动力，从而实现农村劳动力的就地非农化，促进劳动力实现多元化就业，为就地转移农村剩余劳动力提供发展的新途径。

第四，就中部地区整体而言，国家新型城镇化试点地区的设立对就地城镇化的进程并未起到显著的推动作用。对中部地区进行区域划分后，同样的我们发现单一城市的新型城镇化政策效应不明显。中部地区位于城市群（圈）内的城市由于具有交通、资源、产业和人力等方面的优势，其政策效应较为显著，新型城镇化试点地区的设立对就地城镇化的进程具有显著的推动作用。控制变量如城乡收入差距、地区医疗水平、政府支持力度和交通便捷程度对就地

第八章 结论与展望

城镇化的影响各异，其中城乡收入差距和地区医疗水平阻碍了就地城镇化的进程；政府支持力度和交通便捷程度对就地城镇化的进程具有促进作用。

第五，基于本书的结论从以下几个方面给出提升我国中部地区就地城镇化发展水平的建议。①强化人才队伍建设；②产业发展助力就地城镇化；③差异化推进就地城镇化；④提高农村公务服务水平；⑤发挥政府引导作用；⑥坚持绿色可持续发展。

第二节 展望

本书围绕着就地城镇化与城乡收入差距的关系、就地城镇化发展的内部机理、就地城镇化发展的外部政策影响因素展开了一系列的研究，虽得到了一些较有意义的结论，但同时也存在不足之处；表现在以下几个方面：第一，从就业非农化的角度计算了中部六省各地市的就地城镇化水平，由于现有研究对就地城镇化水平的测度较少，因此就地城镇化的计算方式还可进一步的完善。第二，受数据获取局限性的影响，本书的研究对象选取了中部地区87个地级市，若将研究对象进一步细化到乡镇，研究结果可能会更具有针对性。第三，对新型城镇化政策（2014—2020年）实施效应的评估存在时间上的局限性，2020年之后该政策对就地城镇化的影响无法分析，该政策在2020年之后对就地城镇化的进程是否存在滞后效应未知。基于以上研究局限性，在未来的研究中将从以下方面进行改进和拓展。

一是在研究对象上，将地级市的研究对象进一步细分，围绕着县或乡镇的就地城镇化开展研究。同时，进一步完善就地城镇化水平的测算标准，紧扣就地城镇化的内涵结合各方面计算就地城镇化率，并建立就地城镇化水平评价指标体系。此外，研究区域将不局限于中部地区，针对东部、西部地区的就地城镇化水平及其发展机理进行研究，进行东部、中部、西部地区的比较，寻找符合我国不同地区的就地城镇化发展模式，对我国新型城镇化现阶段中存在的问题进行有效改善。

二是在实证研究方面，所获取的结论有可能与实际的发展状况存在出入与偏差的地方，以上是以统计数据为基础加以实证研究的不足与缺点；将来可改进与完善实证研究的方法，扩大数据来源和范畴，和政府机构加强合作，共同完善就地城镇化的相关研究，使实证研究更具权威性、系统性与全面性，为研究结论奠定基础。

三是在提高就地城镇化的措施方面，本书所提出来的措施以定性及定量研究的结果为基础，可能在操作时存在相应的偏差，使措施的可行性受到相应的影响。日后的研究需更多地对接政府实践部门，全方位地掌握就地城镇化的规划内容，了解操作过程中遭遇的阻力与困难，尤其是针对特色小镇在就地城镇化的过程中如何充分发挥优势，实现进位赶超的目标等问题进行研究分析，从而有效地分析并解决在就地城镇化发展进程中所遇到的问题与不足，最终使研究取得更重要的实践操作意义。

附　录

附表1　中部地区各城市2009—2018年就地城镇化率　　　单位:%

省份	城市	2008年	2009年	2010年	2011年	2012年	2013年	2014年	2015年	2016年	2017年
安徽	合肥市	53.32	55.40	56.56	58.96	59.24	60.24	60.50	61.58	61.82	62.61
安徽	淮北市	37.97	43.61	46.35	42.47	42.46	41.63	43.58	41.96	34.89	37.71
安徽	亳州市	42.95	45.47	47.35	49.93	51.78	54.17	54.78	54.99	53.65	53.94
安徽	宿州市	37.64	38.80	43.47	45.48	46.45	48.33	48.20	53.00	53.41	52.80
安徽	蚌埠市	40.40	40.61	41.41	42.76	42.71	46.53	46.05	47.04	46.62	47.63
安徽	阜阳市	50.03	51.94	53.99	54.64	56.99	59.47	59.11	60.06	59.27	58.37
安徽	淮南市	60.68	64.07	66.21	66.27	66.30	65.95	65.58	54.26	65.66	62.75
安徽	滁州市	38.40	41.04	42.22	45.02	45.78	46.91	47.94	48.37	49.15	49.36
安徽	六安市	48.81	49.57	49.87	50.11	49.81	49.97	51.66	50.50	50.55	50.46
安徽	马鞍山	57.13	59.95	61.78	58.31	58.95	57.98	57.87	59.85	60.55	60.41
安徽	芜湖市	55.26	55.78	57.81	59.69	59.24	59.97	60.35	60.78	61.34	61.43
安徽	宣城市	46.35	47.08	48.66	47.70	48.17	49.74	51.72	51.91	52.67	53.93
安徽	铜陵市	60.53	61.90	64.53	64.42	63.37	63.61	63.44	52.90	52.82	52.44
安徽	池州市	46.00	48.58	49.33	49.35	49.33	49.80	47.80	46.53	43.00	44.01
安徽	安庆市	52.40	50.99	52.52	53.41	53.71	54.43	54.40	55.30	54.68	56.89
安徽	黄山市	40.13	45.42	49.54	50.78	50.09	50.33	50.85	49.33	48.37	49.20
河南	郑州市	55.24	55.95	57.54	58.25	58.70	59.51	55.99	60.51	61.28	60.59
河南	开封市	32.21	35.53	36.51	40.58	43.28	46.17	46.41	46.70	45.41	40.55
河南	洛阳市	47.23	49.39	51.14	51.24	51.35	49.92	47.02	45.90	48.56	46.62
河南	平顶山	37.16	38.36	40.65	41.70	41.59	41.87	39.35	38.16	36.53	36.34
河南	安阳市	45.61	46.23	46.38	48.55	49.51	49.35	43.31	53.61	53.92	52.94

续表

省份	城市	2008年	2009年	2010年	2011年	2012年	2013年	2014年	2015年	2016年	2017年
河南	鹤壁市	50.67	51.35	52.05	51.05	52.70	55.30	55.09	53.84	49.21	53.57
河南	新乡市	44.35	47.97	50.50	51.11	51.51	54.99	54.96	53.50	51.29	49.89
河南	焦作市	42.38	44.16	45.18	46.31	47.97	49.15	50.02	52.06	51.87	48.87
河南	濮阳市	37.22	37.99	38.69	40.04	42.71	38.64	40.44	41.77	41.29	38.84
河南	许昌市	48.88	50.40	51.39	53.26	51.14	53.10	42.10	41.80	42.11	40.45
河南	漯河市	43.99	44.75	45.98	46.11	46.39	46.22	41.30	40.54	41.06	39.82
河南	三门峡	31.52	33.73	35.19	34.36	35.60	34.33	35.21	34.42	33.62	33.94
河南	南阳市	37.88	39.81	41.57	39.96	40.51	42.74	41.92	40.92	41.45	39.99
河南	商丘市	39.16	44.20	46.81	48.02	48.99	49.37	42.47	48.42	50.62	49.68
河南	信阳市	45.52	46.44	47.03	48.22	48.29	49.04	46.69	46.55	45.65	44.81
河南	周口市	39.76	41.75	43.62	43.94	45.80	46.55	44.37	45.17	45.95	44.41
河南	驻马店	37.75	39.51	41.07	43.43	44.24	46.39	49.21	50.75	51.36	49.62
河南	济源市	51.73	50.09	50.35	41.53	47.52	48.05	48.54	45.55	44.25	42.36
湖北	武汉市	54.76	58.91	59.22	60.86	64.66	67.62	65.78	67.37	66.31	68.49
湖北	黄石市	62.08	68.99	69.97	71.32	76.58	77.25	77.55	72.10	72.88	75.42
湖北	十堰市	54.38	55.98	57.69	60.42	61.37	65.49	61.66	61.64	62.58	60.47
湖北	荆州市	43.51	47.81	51.99	52.97	54.87	57.02	58.11	58.92	59.28	58.30
湖北	宜昌市	48.91	49.36	51.54	55.07	61.84	57.37	57.97	58.60	59.19	62.92
湖北	襄樊市	49.16	52.21	55.07	60.97	63.83	62.14	64.95	65.07	65.00	56.97
湖北	鄂州市	43.05	46.26	52.95	53.18	52.75	52.78	53.55	53.54	56.47	67.34
湖北	荆门市	42.66	49.71	64.69	74.06	63.47	64.71	66.22	67.12	67.44	68.60
湖北	孝感市	57.80	59.35	61.02	63.51	63.85	65.65	67.44	68.05	68.16	59.38
湖北	黄冈市	56.03	58.62	60.42	57.68	64.85	59.37	61.16	60.02	59.72	59.73
湖北	咸宁市	55.24	55.87	56.82	58.98	59.92	62.97	63.24	61.04	61.07	61.72
湖北	随州市	59.40	57.10	57.68	59.83	61.81	62.56	62.06	63.90	63.46	62.11
湖北	恩施州	47.29	47.86	52.83	55.07	50.90	52.21	53.31	52.32	51.42	52.98
湖北	仙桃市	57.38	58.47	64.47	66.71	63.36	64.73	63.73	56.38	57.98	46.28
湖北	天门市	52.36	54.54	63.39	65.39	68.58	69.96	71.16	71.39	71.42	65.78
湖北	潜江市	51.76	52.92	57.77	71.55	62.10	64.03	64.07	61.04	62.18	71.05
湖北	神农架	46.21	48.74	48.04	64.16	47.78	51.29	0.37	40.24	45.26	46.69

续表

省份	城市	2008年	2009年	2010年	2011年	2012年	2013年	2014年	2015年	2016年	2017年
湖南	长沙市	52.32	55.18	55.84	56.99	58.63	60.87	61.02	62.08	61.42	62.00
湖南	株洲市	47.41	47.61	48.69	48.39	49.12	51.22	51.99	51.82	52.35	53.95
湖南	湘潭市	38.65	39.68	39.45	39.17	39.58	41.82	43.56	45.32	47.00	48.90
湖南	衡阳市	33.87	34.00	34.05	34.25	34.39	34.53	34.69	35.45	36.43	36.45
湖南	邵阳市	33.02	34.46	35.28	35.70	36.11	36.81	38.15	40.32	41.89	42.78
湖南	岳阳市	39.75	41.33	43.71	45.42	45.33	47.90	48.89	49.57	50.35	48.66
湖南	常德市	35.38	36.78	37.93	39.83	41.44	42.10	43.06	43.63	45.00	45.11
湖南	张家界	27.95	30.52	32.72	31.47	34.03	34.38	35.43	35.48	37.98	37.30
湖南	益阳市	39.30	40.79	40.32	40.52	40.47	41.11	42.23	43.00	43.81	44.34
湖南	郴州市	50.62	51.20	52.17	53.09	53.88	54.30	55.03	56.13	57.41	57.30
湖南	永州市	38.98	40.16	41.36	41.82	43.29	44.19	44.54	45.61	47.04	47.23
湖南	怀化市	30.05	32.12	34.14	34.89	35.25	36.90	36.44	41.36	44.48	43.37
湖南	娄底市	36.41	37.14	37.87	35.46	39.33	38.99	39.02	39.12	39.98	39.95
湖南	湘西州	29.48	29.83	30.32	30.35	30.78	31.20	31.65	31.77	34.69	35.12
江西	南昌市	46.65	48.47	50.95	50.13	50.13	52.24	51.90	53.81	53.95	59.65
江西	景德镇	59.20	61.03	61.94	48.82	49.90	48.33	48.33	49.05	47.27	47.30
江西	萍乡市	54.66	58.80	60.91	60.38	63.55	62.78	62.78	61.76	60.59	58.93
江西	九江市	47.79	49.74	51.97	49.36	52.06	53.00	53.52	53.75	53.74	53.27
江西	新余市	56.64	58.57	59.48	59.55	59.83	59.93	61.17	61.97	62.24	62.24
江西	鹰潭市	46.22	47.75	48.73	50.68	50.52	52.08	52.75	52.80	52.43	54.59
江西	赣州市	45.44	45.56	47.73	37.30	40.60	41.16	41.16	42.53	46.61	46.96
江西	吉安市	41.99	46.19	50.69	32.11	32.63	32.83	32.83	33.24	45.08	45.45
江西	宜春市	46.60	47.76	50.09	44.13	46.01	50.08	50.08	50.46	50.09	50.09
江西	抚州市	38.96	38.77	40.53	37.24	36.88	35.83	35.83	35.50	34.72	34.27
江西	上饶市	47.52	47.76	49.00	43.44	43.77	47.02	47.94	46.53	50.06	50.73
山西	太原市	50.65	51.44	52.52	51.90	52.14	52.67	52.41	51.69	51.37	51.55
山西	大同市	37.64	38.83	40.11	41.35	41.82	42.49	41.96	42.28	42.81	39.59
山西	阳泉市	54.32	56.79	56.10	56.41	57.01	56.31	55.65	54.03	55.38	56.07
山西	长治市	40.89	41.97	43.14	44.82	45.65	45.79	45.37	44.65	43.92	42.14
山西	晋城市	45.84	45.91	46.35	46.79	47.36	47.72	48.62	47.95	47.24	44.14

续表

省份	城市	2008年	2009年	2010年	2011年	2012年	2013年	2014年	2015年	2016年	2017年
山西	朔州市	31.81	32.87	35.76	36.34	37.65	36.87	35.03	32.12	32.46	32.36
山西	晋中市	42.09	42.74	44.44	45.17	45.75	46.01	46.92	46.40	46.81	46.64
山西	运城市	35.21	36.61	36.68	36.36	37.02	36.68	37.08	37.21	37.46	36.02
山西	忻州市	38.07	38.39	39.79	40.26	40.39	40.72	37.38	37.39	37.55	34.67
山西	临汾市	41.54	42.03	42.94	44.31	44.87	45.58	45.11	45.41	45.31	45.46
山西	吕梁市	43.43	44.81	45.80	45.89	46.84	47.11	46.57	46.16	44.24	43.63

附表2 中部地区各城市2009—2018年产业主导类型划分

省份	城市	2009年	2010年	2011年	2012年	2013年	2014年	2015年	2016年	2017年	2018年
湖北	武汉市	3	3	3	3	2	2	3	3	3	3
湖北	黄石市	2	2	2	2	2	2	2	2	2	2
湖北	十堰市	2	2	2	2	2	2	2	2	2	2
湖北	宜昌市	2	2	2	2	2	2	2	2	2	2
湖北	襄阳市	2	2	2	2	2	2	2	2	2	2
湖北	鄂州市	2	2	2	2	2	2	2	2	2	2
湖北	荆门市	2	2	2	2	2	2	2	2	2	2
湖北	孝感市	2	2	2	2	2	2	2	2	2	2
湖北	荆州市	3	2	2	2	2	2	2	2	2	2
湖北	黄冈市	2	2	2	2	2	2	2	2	3	3
湖北	咸宁市	2	2	2	2	2	2	2	2	2	2
湖北	随州市	2	2	2	2	2	2	2	2	2	2
湖北	恩施州	3	3	3	3	3	3	3	3	3	3
湖北	仙桃市	2	2	2	2	2	2	2	2	2	2
湖北	潜江市	2	2	2	2	2	2	2	2	2	2
湖北	天门市	2	2	2	2	2	2	2	2	2	2
湖北	神农架	3	3	3	3	3	3	3	3	3	3
湖南	长沙市	2	2	2	2	2	2	2	2	2	2
湖南	株洲市	2	2	2	2	2	2	2	2	2	2
湖南	湘潭市	2	2	2	2	2	2	2	2	2	2
湖南	衡阳市	2	2	2	2	2	2	2	2	3	3

续表

省份	城市	2009年	2010年	2011年	2012年	2013年	2014年	2015年	2016年	2017年	2018年
湖南	邵阳市	3	3	2	2	2	2	3	3	3	3
湖南	岳阳市	2	2	2	2	2	2	2	2	2	3
湖南	常德市	2	2	2	2	2	2	2	2	3	3
湖南	张家界	3	3	3	3	3	3	3	3	3	3
湖南	益阳市	3	3	2	2	2	2	2	2	3	3
湖南	郴州市	2	2	2	2	2	2	2	2	2	2
湖南	永州市	3	3	3	2	2	3	3	3	3	3
湖南	怀化市	3	3	2	2	2	2	2	3	3	3
湖南	娄底市	2	2	2	2	2	2	2	2	2	2
湖南	湘西州	2	3	3	3	3	3	3	3	3	3
江西	南昌市	2	2	2	2	2	2	2	2	2	2
江西	景德镇	2	2	2	2	2	2	2	2	2	3
江西	萍乡市	2	2	2	2	2	2	2	2	2	2
江西	九江市	2	2	2	2	2	2	2	2	2	3
江西	新余市	2	2	2	2	2	2	2	2	2	2
江西	鹰潭市	2	2	2	2	2	2	2	2	2	3
江西	赣州市	2	2	2	2	3	2	2	2	3	3
江西	吉安市	2	2	2	2	2	2	2	2	2	3
江西	宜春市	2	2	2	2	2	2	2	2	2	3
江西	抚州市	2	2	2	2	2	2	2	2	2	2
江西	上饶市	2	2	2	2	2	2	2	2	2	3
山西	太原市	2	3	3	3	3	3	3	3	3	3
山西	大同市	2	2	2	2	2	3	3	3	3	3
山西	阳泉市	2	2	2	2	2	2	2	2	3	3
山西	长治市	2	2	2	2	2	2	2	2	2	3
山西	晋城市	2	2	2	2	2	2	2	2	2	2
山西	朔州市	2	2	2	2	2	2	2	3	3	3
山西	晋中市	2	2	2	2	2	2	2	2	3	3
山西	运城市	2	2	2	2	2	2	3	3	3	3
山西	忻州市	2	3	2	2	2	2	2	3	3	3

续表

省份	城市	2009年	2010年	2011年	2012年	2013年	2014年	2015年	2016年	2017年	2018年
山西	临汾市	2	2	2	2	2	2	2	2	2	3
山西	吕梁市	2	2	2	2	2	2	2	2	2	3
安徽	合肥市	2	2	2	2	2	2	2	2	2	2
安徽	淮北市	2	2	2	2	2	2	2	2	2	2
安徽	亳州市	3	3	2	2	2	2	2	3	3	3
安徽	宿州市	3	3	2	2	2	2	2	3	3	3
安徽	蚌埠市	3	2	2	2	2	2	2	2	2	2
安徽	阜阳市	3	2	2	2	2	2	2	2	2	2
安徽	淮南市	2	2	2	2	2	2	2	2	2	2
安徽	滁州市	2	2	2	2	2	2	2	2	2	2
安徽	六安市	2	2	2	2	2	2	2	2	2	2
安徽	马鞍山	2	2	2	2	2	2	2	2	2	2
安徽	芜湖市	2	2	2	2	2	2	2	2	2	2
安徽	宣城市	2	2	2	2	2	2	2	2	2	2
安徽	铜陵市	2	2	2	2	2	2	2	2	2	2
安徽	池州市	2	2	2	2	2	2	2	2	3	3
安徽	安庆市	2	2	2	2	2	2	2	2	2	2
安徽	黄山市	3	3	2	2	2	2	3	3	3	3
河南	郑州市	2	2	2	2	2	2	2	2	3	3
河南	开封市	2	2	2	2	2	2	2	2	3	3
河南	洛阳市	2	2	2	2	2	2	2	2	3	3
河南	平顶山	2	2	2	2	2	2	2	2	2	2
河南	安阳市	2	2	2	2	2	2	2	2	2	2
河南	鹤壁市	2	2	2	2	2	2	2	2	2	2
河南	新乡市	2	2	2	2	2	2	2	2	2	2
河南	焦作市	2	2	2	2	2	2	2	2	2	2
河南	濮阳市	2	2	2	2	2	2	2	2	2	2
河南	许昌市	2	2	2	2	2	2	2	2	2	2
河南	漯河市	2	2	2	2	2	2	2	2	2	2
河南	三门峡	2	2	2	2	2	2	2	2	2	2

续表

省份	城市	2009年	2010年	2011年	2012年	2013年	2014年	2015年	2016年	2017年	2018年
河南	南阳市	2	2	2	2	2	2	2	2	2	2
河南	商丘市	2	2	2	2	2	2	2	2	2	2
河南	信阳市	2	2	2	2	2	2	2	2	2	3
河南	周口市	2	2	2	2	2	2	2	2	2	2
河南	驻马店	2	2	2	2	2	2	2	2	3	3
河南	济源市	2	2	2	2	2	2	2	2	2	2

注：其中2和3分别代表第二产业主导和第三产业主导。

参考文献

蔡昉等：《户籍制度与劳动力市场保护》，《经济研究》2001年第12期。

蔡继明等：《政府主导型与农民自主型城市化模式比较》，《经济学动态》2012年第5期。

蔡荣等：《县域经济与城镇化的协调发展》，《统计与决策》2017年第6期。

曹文莉等：《发达地区人口、土地与经济城镇化协调发展度研究》，《中国人口·资源与环境》2012年第2期。

曹裕等：《城市化、城乡收入差距与经济增长——基于我国省级面板数据的实证研究》，《统计研究》2010年第3期。

常江等：《德国村庄更新及其对我国新农村建设的借鉴意义》，《建筑学报》2006年第11期。

车宇彤等：《就地城镇化中的新型农村社区建设——以长春市三个典型村为例》，《劳动保障世界》2017年第5期。

陈斌开等：《发展战略、城市化与中国城乡收入差距》，《中国社会科学》2013年第4期。

陈凤桂等：《我国人口城镇化与土地城镇化协调发展研究》，《人文地理》2010年第5期。

陈淑凤：《工业化、城镇化、信息化、农业现代化和绿色化耦合协调发展研究》，《中南林业科技大学学报》（社会科学版）2017年第2期。

陈卫等：《高铁对中国城镇化发展的影响》，《人口研究》2020

年第 3 期。

陈轶等：《大城市边缘区居村农民就地城镇化意愿影响因素——以南京江北新区为例》，《地域研究与开发》2018 年第 6 期。

陈云松等：《城镇化的不平等效应与社会融合》，《中国社会科学》2015 年第 6 期。

程莉等：《人口城镇化与经济城镇化的协调与互动关系研究》，《经济纵横》2014 年第 1 期。

崔曙平等：《苏南就地城镇化模式的启示与思考》，《城市发展研究》2013 年第 10 期。

崔许锋等：《民族地区的人口城镇化与土地城镇化：非均衡性与空间异质性》，《中国人口·资源与环境》2014 年第 8 期。

单卓然等：《"新型城镇化"概念内涵、目标内容、规划策略及认知误区解析》，《城市规划学刊》2013 年第 2 期。

丁任重等：《城镇蔓延与滞留型城镇化人口》，《中国人口·资源与环境》2016 年第 4 期。

丁志伟等：《中国工业化、城镇化、农业现代化、信息化、绿色化"五化"协调定量评价的进展与反思》，《地理科学进展》2016 年第 1 期。

董洪梅等：《老工业基地产业结构升级、城镇化与城乡收入差距——基于东北地区城市的实证分析》，《农业技术经济》2020 年第 5 期。

段巍等：《中国式城镇化的福利效应评价（2000—2017）——基于量化空间模型的结构估计》，《经济研究》2020 年第 5 期。

范剑勇等：《居住模式与中国城镇化——基于土地供给视角的经验研究》，《中国社会科学》2015 年第 4 期。

范擎宇等：《耦合视角下长三角地区城镇化协调度的时空特征及交互机制》，《地理研究》2020 年第 2 期。

范兆媛等：《新型城镇化对经济增长影响的研究——基于空间动态误差面板模型》，《数理统计与管理》2018 年第 1 期。

范子英等：《法治强化能够促进污染治理吗？——来自环保法庭设立的证据》，《经济研究》2019 年第 3 期。

费孝通：《论中国小城镇的发展》，《中国农村经济》1996 年第 3 期。

冯丹萌：《国际视角下协调推进新型城镇化与乡村振兴的思考》，《城市发展研究》2020 年第 8 期。

冯梦黎等：《城镇化对城乡收入差距的影响》，《城市问题》2018 年第 1 期。

高更和等：《省际流动农民工回流区位及影响因素——以河南省 12 个村为例》，《经济地理》2017 年第 6 期。

高金龙等：《中国县域土地城镇化的区域差异及其影响因素》，《地理学报》2018 年第 12 期。

辜胜阻等：《中国特色城镇化道路研究》，《中国人口·资源与环境》2009 年第 1 期。

郭凯明等：《城镇化过程中人口增长趋势转变与人口政策》，《金融研究》2016 年第 4 期。

郭轩：《电子商务作用下的乡村就地城镇化研究》，硕士学位论文，南京大学，2016 年。

郭远智等：《中国农村人口外流的时空演化及其驱动机制》，《地理科学》2020 年第 1 期。

韩立达等：《经济增长、产业结构升级对人口城镇化的影响研究——基于四川省数据的分析》，《经济问题探索》2016 年第 10 期。

何平等：《中国城镇化质量研究》，《统计研究》2013 年第 6 期。

何燕丽等：《义乌农民就地城镇化的实践及启示》，《规划师》2015 年第 2 期。

[美] 赫茨勒：《世界人口的危机》，商务印书馆 1963 年版。

胡鞍钢等：《乡村旅游：从农业到服务业的跨越之路》，《理论探索》2017 年第 4 期。

胡枫等：《农民工回流的选择性与非农就业：来自湖北的证据》，《人口学刊》2013年第2期。

胡银根等：《新型城镇化背景下农村就地城镇化的实践与思考——基于湖北省襄阳市4个典型村的调查》，《华中农业大学学报》（社会科学版）2014年第6期。

黄明等：《我国城镇化与城镇就业的实证研究》，《中国管理科学》2012年第12期。

黄婷：《论城镇化是否一定能够促进经济增长——基于19国面板VAR模型的实证分析》，《上海经济研究》2014年第2期。

黄文秀等：《农户"就地城镇化"选择的影响因素研究——以嘉兴市海盐县为例》，《浙江社会科学》2015年第1期。

黄亚平等：《新型城镇化背景下异地城镇化的特征及趋势》，《城市发展研究》2011年第8期。

黄祖辉：《准确把握中国乡村振兴战略》，《中国农村经济》2018年第4期。

江三良等：《产业集聚是否导致"污染天堂"——基于全国239个地级市的数据分析》，《产经评论》2020年第11期。

焦晓云：《新型城镇化进程中农村就地城镇化的困境、重点与对策探析——"城市病"治理的另一种思路》，《城市发展研究》2015年第1期。

金浩等：《基于ESDA-GWR的三重城镇化协调性空间分异及驱动力研究》，《统计研究》2018年第1期。

荆琦：《农村就地城镇化的问题及对策研究》，硕士学位论文，温州大学，2015年。

具延花等：《中国城镇化发展协调性研究》，《国土与自然资源研究》2017年第6期。

孔令丞等：《省级开发区升格改善了城市经济效率吗？——来自异质性开发区的准实验证据》，《管理世界》2021年第1期。

雷娜等：《乡村振兴与新型城镇化关系的实证分析》，《统计与决策》2020年第11期。

雷潇雨等：《基于土地出让的工业化与城镇化》，《管理世界》2014年第9期。

冷智花等：《收入差距与人口迁移——人口学视角的城市化动因研究》，《重庆大学学报》（社会科学版）2015年第6期。

黎新伍等：《基于新发展理念的农业高质量发展水平测度及其空间分布特征研究》，《江西财经大学学报》2020年第6期。

李健旋等：《金融集聚、生产率增长与城乡收入差距的实证分析——基于动态空间面板模型》，《中国管理科学》2018年第12期。

李军等：《中部地区城乡一体化路径探析：就地城镇化》，《贵州社会科学》2018年第8期。

李兰冰等：《"十四五"时期中国新型城镇化发展重大问题展望》，《管理世界》2020年第11期。

李强等：《就近城镇化与就地城镇化》，《广东社会科学》2015年第1期。

李强等：《中国城镇化"推进模式"研究》，《中国社会科学》2012年第7期。

李如友：《中国旅游发展与城乡收入差距关系的空间计量分析》，《经济管理》2016年第9期。

李宪印：《城市化、经济增长与城乡收入差距》，《农业技术经济》2011年第8期。

李小静等：《农村产业融合推动就地城镇化发展探析》，《农业经济》2017年第11期。

李小云等：《中国人地关系的历史演变过程及影响机制》，《地理研究》2018年第8期。

李云等：《江苏省就地城镇化及其影响因素分析》，《规划师》2017年第6期。

李云新：《制度模糊性下中国城镇化进程中的社会冲突》，《中国人口·资源与环境》2014年第6期。

李子联等：《人口城镇化滞后于土地城镇化之谜——来自中国省际面板数据的解释》，《中国人口·资源与环境》2013年第11期。

李子叶等：《中国城市化进程扩大了城乡收入差距吗——基于中国省级面板数据的经验分析》，《经济学家》2016年第2期。

厉以宁：《中国应走农民"就地城镇化"道路》，《光明日报》2013年10月18日第6版。

刘海洋等：《农村一二三产业融合发展的案例研究》，《经济纵横》2016年第10期。

刘航等：《城镇化动因扭曲与制造业产能过剩——基于2001—2012年中国省级面板数据的经验分析》，《中国工业经济》2014年第11期。

刘洪等：《基于非参数方法的城镇化与经济发展的分析》，《统计与决策》2013年第22期。

刘娟等：《重庆市人口城镇化与土地城镇化协调发展评价》，《西南师范大学学报》（自然科学版）2012年第11期。

刘琼等：《基于阶段对比的中国人口城镇化与土地城镇化协调关系》，《中国人口·资源与环境》2018年第1期。

刘守英：《乡村振兴战略是对重农业轻乡村的矫正》，《农村工作通讯》2017年第21期。

刘晓雯等：《乡村振兴主体性内生动力及其激发路径的研究》，《干旱区资源与环境》2020年第8期。

刘彦随：《中国新时代城乡融合与乡村振兴》，《地理学报》2018年第4期。

卢倩倩等：《城镇化、经济周期与地区收入分配差距——基于面板门限模型的分析》，《经济问题》2020年第2期。

陆铭等：《城市化、城市倾向的经济政策与城乡收入差距》，《经济研究》2004年第6期。

吕添贵等：《人口城镇化与土地城镇化协调性测度及优化——

以南昌市为例》,《地理科学》2016年第2期。

马强等:《城镇化缩小城乡收入差距的机制与效应——基于中国271个城市面板数据的分析》,《城市问题》2018年第10期。

马庆斌:《就地城镇化值得研究与推广》,《宏观经济管理》2011年第11期。

苗丝雨等:《就地城镇化能否缓解流动人口的健康不平等研究——基于2014年全国流动人口调查数据》,《城市发展研究》2021年第2期。

穆红梅:《城镇化水平与城乡收入差距关系研究——基于收入结构视角》,《经济问题》2019年第8期。

潘雨红等:《中国西南山区旅游村镇就地城镇化路径》,《规划师》2014年第4期。

庞新军:《传统城镇化与就地城镇化对农民收入的影响研究:基于时变分析的视角》,《中国软科学》2017年第9期。

祁新华等:《乡村劳动力迁移的"双拉力"模型及其就地城镇化效应——基于中国东南沿海三个地区的实证研究》,《地理科学》2012年第1期。

秦佳:《中国人口城镇化的空间差异与影响因素》,《人口研究》2013年第2期。

邱世鑫等:《村居双拉力模型:中原纯农区就地城镇化动力机制研究——以PZ社区为例》,《江西农业学报》2016年第4期。

任保平等:《西部地区统筹城乡发展:态势、模式和路径选择》,《财经科学》2008年第10期。

沈清基:《论基于生态文明的新型城镇化》,《城市规划学刊》2016年第1期。

石培基等:《城乡一体化导向的村庄整治与布局规划》,《中国人口·资源与环境》2013年第4期。

宋艳姣:《中国农民工返乡决策与就地城镇化路径探析》,《兰州学刊》2017年第2期。

苏小庆：《新型城镇化与乡村振兴联动：现实背景、理论逻辑与实现路径》，《天津社会科学》2020年第3期。

苏毅清等：《农村一二三产业融合发展：理论探讨、现状分析与对策建议》，《中国软科学》2016年第8期。

孙华等：《江苏省工业化与城镇化协调发展对策研究》，《资源与产业》2016年第2期。

屠爽爽等：《乡村发展与重构格局特征及振兴路径——以广西为例》，《地理学报》2020年第2期。

汪泓等：《中国就业增长与城镇化水平关系的实证研究》，《南京社会科学》2012年第8期。

汪增洋等：《后工业化时期中国小城镇高质量发展的路径选择》，《中国工业经济》2019年第1期。

王兵等：《不良贷款约束下的中国银行业全要素生产率增长研究》，《经济研究》2011年第5期。

王华华：《供需共振视阈下地方政府新型城镇化政策创新研究》，《求实》2016年第11期。

王建志等：《中国城镇化发展的问题与政策思路》，《首都经济贸易大学学报》2011年第4期。

王景利等：《哈尔滨市新型工业化与新型城镇化发展关系研究》，《金融理论与教学》2016年第6期。

王全景等：《所有制结构、城镇化与城乡收入差距——基于双重二元结构视角的分析》，《山西财经大学学报》2018年第5期。

王婷：《中国城镇化对经济增长的影响及其时空分化》，《人口研究》2013年第5期。

王伟同：《农业转移人口市民化的政策逻辑——基于民生、经济与改革的视角》，《财政研究》2015年第5期。

王兴芬等：《中国土地城镇化与人口城镇化协调发展的实证研究——基于协调发展模型》，《技术经济与管理研究》2017年第1期。

王雅文：《蚌埠市农业转移人口就近城镇化研究——基于安徽省蚌埠市的调查数据》，《山东农业工程学院学报》2018年第8期。

王亚春：《江苏省就地城镇化及其影响因素分析》，硕士学位论文，南京财经大学，2017年。

王亚飞等：《高铁开通促进了农业全要素生产率增长吗？——来自长三角地区准自然实验的经验证据》，《统计研究》2020年第5期。

王亚力等：《2001年以来环洞庭湖区经济城镇化与人口城镇化进程的对比研究》，《地理科学》2014年第1期。

温涛等：《城镇化有效驱动了居民消费吗？——兼论人口城镇化与空间城镇化效应》，《中国行政管理》2017年第10期。

［美］沃纳·赫希：《城市经济学》，中国社会科学出版社1990年版。

吴碧波等：《乡村振兴战略背景下西部地区农村就地城镇化的模式选择》，《广西民族研究》2018年第2期。

吴昌南等：《我国城乡一体化缩小了城乡收入差距吗？——基于省级面板数据的实证研究》，《江西财经大学学报》2017年第2期。

吴春飞等：《就地城镇化地区的城中村研究——基于福建晋江市、石狮市8个典型城中村的实证分析》，《城市发展研究》2014年第6期。

吴梅华：《晋江市就地城镇化研究》，硕士学位论文，福建师范大学，2006年。

吴穹等：《产业结构调整与中国新型城镇化》，《城市发展研究》2018年第1期。

吴巍等：《城乡一体化视角下农民就地城镇化影响因素研究——以南昌市边缘区为例》，《城市发展研究》2017年第8期。

吴延瑞：《生产率对中国经济增长的贡献：新的估计》，《经济学（季刊）》2008年第3期。

吴一凡等:《中国人口与土地城镇化时空耦合特征及驱动机制》,《地理学报》2018年第10期。

项继权:《城镇化的"中国问题"及其解决之道》,《华中师范大学学报》(人文社会科学版)2011年第1期。

熊湘辉等:《中国新型城镇化水平及动力因素测度研究》,《数量经济技术经济研究》2018年第2期。

熊小林:《聚焦乡村振兴战略 探究农业农村现代化方略——"乡村振兴战略研讨会"会议综述》,《中国农村经济》2018年第1期。

徐维祥等:《乡村振兴与新型城镇化耦合协调的动态演进及其驱动机制》,《自然资源学报》2020年第9期。

许学强等:《城市地理学》,高等教育出版社2009年版。

宣超等:《"后危机时代"农村就地城镇化模式分析——以河南省为例》,《经济问题探索》2014年第1期。

杨浩昌:《中国城镇化对经济增长的影响及其区域差异——基于省级面板数据的分析》,《城市问题》2016年第1期。

杨丽霞等:《人口城镇化与土地城镇化协调发展的空间差异研究——以浙江省69县市为例》,《中国土地科学》2013年第11期。

杨世松:《探索新农村"就地城市化"之路》,《理论与现代化》2007年第4期。

杨卫忠:《农业转移人口就地城镇化的战略思考》,《农业经济问题》2018年第1期。

杨阳等:《长江流域人口—土地—经济城镇化的时空耦合协调性与驱动因子分析》,《世界地理研究》2021年第3期。

姚士谋等:《中国新型城镇化理论与实践问题》,《地理科学》2014年第6期。

叶超等:《迈向城乡融合:新型城镇化与乡村振兴结合研究的关键与趋势》,《地理科学》2020年第4期。

叶松等:《新型农业科技创新对就地城镇化促进作用研究》,

《科学管理研究》2016 年第 6 期。

叶兴庆：《新时代中国乡村振兴战略论纲》，《改革》2018 年第 1 期。

尹宏玲等：《我国城市人口城镇化与土地城镇化失调特征及差异研究》，《城市规划学刊》2013 年第 2 期。

游中敏：《厦门农村就地城市化问题研究》，硕士学位论文，厦门大学，2009 年。

于斌斌等：《产业结构调整与生产率提升的经济增长效应——基于中国城市动态空间面板模型的分析》，《中国工业经济》2015 年第 12 期。

余涛：《农村一二三产业融合发展的评价及分析》，《宏观经济研究》2020 年第 11 期。

张车伟等：《中国城镇化格局变动与人口合理分布》，《中国人口科学》2012 年第 6 期。

张驰等：《荷兰乡村地区规划演变历程与启示》，《国际城市规划》2016 年第 1 期。

张改素等：《中国镇域工业化和城镇化综合水平的空间格局特征及其影响因素》，《地理研究》2020 年第 3 期。

张吉鹏等：《城市落户门槛与劳动力回流》，《经济研究》2020 年第 7 期。

张军：《乡村价值定位与乡村振兴》，《中国农村经济》2018 年第 1 期。

张甜等：《就地城镇化背景下回流农民工居住区位选择——以河南省永城市为例》，《经济地理》2017 年第 4 期。

张万录：《农村就地城市化中居住隔离的应对策略》，《规划师》2010 年第 2 期。

张祥俊：《人口城镇化及其异质性对创业的影响研究》，《技术经济与管理研究》2018 年第 3 期。

张占斌：《新型城镇化的战略意义和改革难题》，《国家行政学院学报》2013年第1期。

赵定东：《就地城镇化理念下的村改居社区治理创新——以浙江省探索经验为例》，《北华大学学报》（社会科学版）2018年第3期。

赵定东等：《政策推力、乡愁抑或城市性缺场——就地城镇化中农民生活方式变革影响因素分析》，《社会科学战线》2017年第4期。

赵建吉等：《黄河流域新型城镇化与生态环境耦合的时空格局及影响因素》，《资源科学》2020年第1期。

赵新平等：《改革以来中国城市化道路及城市化理论研究述评》，《中国社会科学》2002年第2期。

郑新立：《探索新型城镇化的多元模式》，《经济日报》2013年1月8日第3版。

郑鑫：《城镇化对中国经济增长的贡献及其实现途径》，《中国农村经济》2014年第6期。

中国经济增长与宏观稳定课题组：《城市化、产业效率与经济增长》，《经济研究》2009年第10期。

周柏春等：《新型城镇化进程中的公共政策改进——以社会公平为视角》，《广西社会科学》2016年第6期。

周建华等：《法国农村改革对我国新农村建设的启示》，《求索》2007年第3期。

周亮等：《中国城镇化与经济增长的耦合协调发展及影响因素》，《经济地理》2019年第6期。

周少甫等：《地区差异、城市化与城乡收入差距》，《中国人口·资源与环境》2010年第8期。

周一星：《城市地理学》，商务印书馆1995年版。

朱长存等：《农村人力资本的广义外溢性与城乡收入差距》，《中国农村观察》2009年第4期。

左鹏飞等：《互联网发展、城镇化与我国产业结构转型升级》，

《数量经济技术经济研究》2020年第7期。

Adams, S., et al., "Urbanization, Economic Structure, Political Regime, and Income Inequality", *Social Indicators Research*, Vol. 14, No. 3, 2019, pp. 971-995.

An, H., et al., "The Role of Technology Innovation and People's Connectivity in Testing Environmental Kuznets Curve and Pollution Heaven Hypotheses Across the Belt and Road Host Countries: New Evidence from Method of Moments Quantile Regression", *Environmental Science and Pollution Research*, Vol. 17, 2020, pp. 1-17.

Arellano, M., et al., "Another Look at the Instrumental Variable Estimation of Error-Components Models", *CEP Discussion Papers*, Vol. 68, No. 1, 1990, pp. 29-51.

Arouri, M., et al., "Does Urbanization Reduce Rural Poverty? Evidence from Vietnam", *Economic Modelling*, Vol. 60, 2017, pp. 253-270.

Bond, B. S., "Initial Conditions and Moment Restrictions in Dynamic Panel Data Models", *Journal of Econometrics*, Vol. 87, No. 1, November 1998, pp. 115-143.

Castells, D., et al., "Are Increasing Urbanisation and Inequalities Symptoms of Growth?", *Applied Spatial Analysis and Policy*, Vol. 8, No. 3, 2015, pp. 291-308.

Chenery, H., et al., *Industrialization and Growth*, New York: Oxford University Press, 1986, p. 167.

Clark, C., *The Conditions of Economic Progress*, London: Macmillan Progress, 1940, p. 23.

Dicecio, R., et al., "Income Convergence in the United States: A Tale of Migration and Urbanization", *Annals of Regional Science*, Vol. 45, No. 2, 2010, pp. 365-377.

Dixon, R., *Industrial Structure*, London: Australian Economic Growth, 1989, pp. 81-100.

Hansen, B. E., "Threshold Effects in Non-dynamic Panels: Estimation, Testing, and Inference", *Journal of Econometrics*, Vol. 93, No. 2, 1999, pp. 345-368.

Kim, J. H., et al., "The Interaction Effect of Tourism and Foreign Direct Investment on Urban-rural Income Disparity in China: A Comparison between Autonomous Regions and Other Provinces", *Current Issues in Tourism*, Vol. 23, No. 1, 2020, pp. 68-81.

Kuznets, S., et al., *Modern Economic Growth: Rate, Structure, and Spread*, New Haven: Yale University Press, 1966, p. 203.

Lin, B., et al., "Does China Become the 'Pollution Heaven' in South-South Trade? Evidence from Sino-Russian Trade", *The Science of the Total Environment*, Vol. 5, 2019, pp. 964-974.

Liu, Y., et al., "Urban Villages under China's Rapid Urbanization: Unregulated Assets and Transitional Neighbourhoods", *Habitat International*, Vol. 34, No. 2, 2010, pp. 135-144.

Lucas, et al., "On the Mechanics of Economic Development", *NBER Working Paper*, Vol. 22, No. 1, July 1988, pp. 3-42.

Oyvat, Cp, "Agrarian Structures, Urbanization, and Inequality", *World Development*, Vol. 83, 2016, pp. 207-230.

Oyvat, E. C., "Lurking in the Cities: Urbanization and the Informal Economy", *Structural Change and Economic Dynamics*, Vol. 27, December 2013, pp. 36-47.

Qi, X., et al., "A 'Double-Pull' Model of Rural Labor Migration and Its In-situ Urbanization Effect: Cases Studies of Three Coastal Areas in Southeast China", *Scientia Geographica Sinica*, Vol. 32, No. 1, 2012, pp. 25-30.

Sato, Y., et al., "How Urbanization Affect Employment and Social Interactions", *European Economic Review*, Vol. 75, 2015, pp. 131-155.

Satterthwaite, D., et al., "Foresight Project: DR13: Urbanization and Its Implications for Food and Farming", *Philosophical Transactions of the Royal Society B Biological Sciences*, Vol. 365, No. 15, 2010, pp. 2809-2820.

Shahbaz, M., "Does Financial Development Increase Energy Consumption? The Role of Industrialization and Urbanization in Tunisia", *Energy Policy*, Vol. 40, 2012, pp. 473-479.

Sulemana, I., et al., "Urbanization and Income Inequality in Sub-Saharan Africa", *Sustainable Cities and Society*, Vol. 48, 2019, p. 544.

Sun, P. J., et al., "Non-coordination in China's Urbanization: Assessment and Affecting Factors", *Chinese Geographical Science*, Vol. 23, No. 6, 2013, pp. 729-739.

Todaro, M. P., "Model of Labor Migration and Unemployment in Less Developed Countries", *American Economic Review*, Vol. 59, No. 1, 1969, pp. 138-148.

Wang, X., et al., "China's Urban Employment and Urbanization Rate: A Re-estimation", *China & World Economy*, Vol. 22, No. 1, 2014, pp. 30-44.

Wu, D., et al., "Urbanization and Income Inequality in China: An Empirical Investigation at Provincial Level", *Social Indicators Research*, Vol. 131, No. 1, 2017, pp. 189-214.

Wu, J., et al., "Urbanization and the Viability of Local Agricultural Economies", *Land Economics*, Vol. 87, No. 1, 2011, pp. 109-125.

Wu, J., et al., "Quantifying Spatiotemporal Patterns of Urbanization: The Case of the Two Fastest Growing Metropolitan Regions in the United States", *Ecological Complexity*, Vol. 8, No. 1, 2011, pp. 0-8.

Zhang, J., et al., "Land Supply and Urbanization Strategy in the Yangtze River Delta Region, China", *Growth and Change*, Vol. 50, No. 4, 2019, pp. 1338-1355.

Zhu, F., et al., "Coordination and Regional Difference of Urban

Land Expansion and Demographic Urbanization in China During 1993 - 2008", *Progress in Geography*, Vol. 33, No. 5, 2014, pp. 647-656.

Zhu, Y., "In-Situ Urbanization in Rural China: Case Studies from Fujian Province", *Development and Change*, Vol. 31, No. 2, 2002, pp. 413-434.